Elke Fleing

LIVE IS LIFE

Booking und Promotion
von Konzerten und Tourneen

EM 4312
ISBN 3-87252-253-1

Impressum:

Die Deutsche Bibliothek - CIP-Einheitsaufnahme
Fleing, Elke:
Live is life: booking und Promotion von Konzerten und Tourneen / Elke Fleing. - Bergisch Gladbach : Musikverl. Gerig, 1995
ISBN 3-87252-253-1

© Copyright 1995 by MUSIKVERLAGE HANS GERIG oHG, Bergisch Gladbach

Best. Nr. EM 4312

Layout: Torsten Schultze / Thomas Petzold
Coverdesign: Lilly Tomec, Berlin
Coverfoto: Lilly Tomec, Berlin
Lektorat: Thomas Petzold

Printed in Germany

Inhalt

	Vorwort	5
1	„Die weltfremden Traumtänzer"	8
2	**Wer tut was?**	11
2.1	Die Band	11
2.2	Das Management	23
2.3	Die Agentur	23
2.4	Der Tourneeveranstalter	26
2.5	Die Gastspiel- und Konzertdirektion	27
2.6	Der Örtliche Veranstalter	28
2.7	Die Discjockeys	32
2.8	Der Road-Manager	33
2.9	Der Technische Leiter	34
2.10	Der FOH	34
2.11	Der Monitormixer	34
2.12	Der Lichtmixer	35
2.13	Roadies, auch Backliner genannt	35
2.14	Die Hands	36
2.15	Die Securities	36
2.16	Der Merchandiser	37
3	**Das Werbematerial**	39
3.1	Democassette	41
3.2	Info	43
3.3	Foto	45
3.4	Presse-Rezensionen	46
3.5	Plakate (Poster)	47
3.6	Handzettel (Flyer)	48
3.7	Außerdem möglich, aber nicht unbedingt nötig	49
4	**Das Bandbüro**	51
4.1	Telefon, Anrufbeantworter	51
4.2	Telefax	51
4.3	Computer und Drucker	52
4.4	Adressenkarteien bzw. Dateien	52
4.5	Tagesplaner	59
4.5.1	Denk-dran-Terminkalender	60
4.5.2	Terminkalender der Band	60
4.6	Schriftwechselbuch	60
4.7	Ordner	61
4.8	Bürobedarf	63
4.9	Brief- und Kartenvordrucke	63
5	**Die Adressenbeschaffung**	65
5.1	Austausch mit Musiker-Kollegen	65
5.2	Stadtmagazine	66
5.3	Anzeigen-Kombis	66

5.4	Rock-Kalender	67
5.5	Tourneepläne in Musikzeitschriften	67
5.6	Hotelführer	67
5.7	Stadtverwaltungen, Kultur- und Verkehrsämter, Stadtjugendringe	67
5.8	Absagende Veranstalter	67
5.9	Veranstalter und Agenturen	68
5.10	Bundesweites Telefonbuch auf CD-ROM	68
6	**Auftritte buchen**	69
6.1	Das richtige Venue für meine Band	69
6.1.1	Zielgruppen-bezogen	69
6.1.2	Größenbezogen	70
6.1.3	Stammpublikum vorhanden?	70
6.1.4	Örtlich angebunden	72
6.1.5	Ländliche oder städtische Region	72
6.1.6	Medienstädte	72
6.2	Geschäftsgespräche 'live' und am Telefon	73
6.3	Der Erstkontakt zum Veranstalter	80
6.3.1	Ein Veranstalter zeigt von sich aus Interesse	80
6.3.2	Ihr kontaktet den Veranstalter persönlich	81
6.3.3	Schriftlicher Kontakt	81
6.3.4	Ihr kontaktet den Veranstalter telefonisch	81
6.4	Telefonisches Nachhaken	84
6.5	Die Vertrags-Checkliste mit Erläuterungen	88
7	**Der Gastspielvertrag**	95
7.1	Der Gastspielvertrag mit Erläuterungen	100
7.2	Die Bühnenanweisung mit Erläuterungen	116
7.3	Der Technische Rider mit Erläuterungen	129
8	**Das Buchen von Tourneen**	133
9	**Auftrittspromotion**	135
10	**Merchandising**	139
10.1	Merchandising-Verträge	143
10.1.1	Produktbenennung	143
10.1.2	Kreative Kontrolle	143
10.1.3	Beteiligung	143
10.1.4	Vorschüsse	144
10.1.5	Performance-Minimum	144
10.1.6	Laufzeit	145
10.1.7	Ausverkaufszeit	145
10.1.8	Exklusivität	146
10.1.9	Besonderheiten beim Retail-Merchandising	147
11	**Literatur zum Musikbusiness**	149
12	**Weitere wichtige Adressen**	153
13	**Musikzeitschriften**	154
	Stichwortverzeichnis	161

Dieses Buch enthält 4 Seiten Vertragskopiervorlagen

Vorwort

Vor fast zehn Jahren habe ich mich als Agentin, Tourneeveranstalterin und später dann auch als Musikverlegerin selbständig gemacht. Im Nachhinein denke ich, es wäre cleverer gewesen, vor der Gründung einer eigenen Firma einerseits eine kaufmännische Ausbildung zu machen, andererseits in bereits bestehenden Firmen erst mal das Handwerk der Agentin unter kompetenter Anleitung zu erlernen; eine richtige, auch staatlich anerkannte Ausbildung gibt es zu unserem Beruf ja leider immer noch nicht. Mit einer solchen Vorbildung hätte ich dann sicher nicht jeden Fehler selbst machen und insgesamt wohl weniger Lehrgeld zahlen müssen.

Im Lauf der Zeit traten dann immer mehr Musiker und am Live-Musikbusiness Interessierte mit Fragen an mich heran, die ich am Anfang selbst gern beantwortet bekommen hätte, und so begann ich, Wochenend-Seminare zu geben, die ich inzwischen nun auch schon seit mehreren Jahren leite. Weil die Teilnehmer der Seminare sich die vielen Informationen unmöglich merken können, schrieb ich Reader, in denen die Leute dann nach dem Seminar die Inhalte noch mal nachlesen können. Und irgendwann begannen Musiker, mich telefonisch oder schriftlich um die Reader zu bitten, von deren Existenz sie irgendwie gehört hatten, auch wenn sie nicht an einem Seminar teilgenommen hatten. So entstand die Idee zu diesem Buch.

Bevor's jetzt losgeht, möchte ich unbedingt noch etwas loswerden, was die **geschlechtsspezifischen Formulierungen** in diesem Buch angeht: Obwohl ich eigentlich eine vehemente Vertreterin der beidgeschlechtlichen Formulierungen bin, werdet Ihr diese hier nicht finden. Als ich begann zu schreiben, habe ich probiert, immer sowohl die weibliche als auch die männliche Form zu benutzen; es ist mir nicht gelungen. An vielen Punkten wären so gestelzte, holprige, unübersichtliche, ewig lange Sätze entstanden, daß ich dann aus Gründen der Übersichtlichkeit darauf verzichtet habe und mich durchgängig gegen solche Formulierungen entschieden habe. Aber: Wann immer Ihr lest: 'Der Musiker', 'der Veranstalter', 'der Booker' oder was auch immer: *Gemeint sind natürlich genauso: 'Die Musikerin', 'die Veranstalterin', 'die Bookerin'...* Zwar sind Frauen in der Rockmusik und im Musikbusiness den Männern rein zahlenmäßig (!) immer noch unterlegen, was wohl daran liegt, daß diese beiden Bereiche sehr lange eine reine Männerdomäne waren, und es könnte mir unterstellt werden, daß ich durch die Wahl meiner Formulierungen die traditionelle Rollenverteilung eher unterstütze, anstatt ihr entgegenzuwirken. Diesen Vorwurf müßte ich mir dann machen lassen, aber es sei noch einmal betont: Meine einzigen Gründe für die Wahl der männlichen Form sind im Bereich der Übersichtlichkeit und Lesbarkeit dieses Buches zu suchen.

Credits

Allerdings hatte und habe ich sowohl beim Aufbau meiner Firma 'Castor Promotions' als auch bei der Realisierung dieses Buchs von vielen Seiten Hilfe und Unterstützung erhalten, für die ich mich hier bedanken möchte: Da sind zunächst meine Mutter und meine Freunde, die mich immer bestärkt haben und von denen ich noch immer viel lerne. Von Anfang an gab und gibt es Kollegen und Geschäftsfreunde, die mir mit Rat und Tat zur Seite standen: Allen voran Achim Köller, Dirk Lankenau, Gaby Gaßmann, Fabian Schulz, Nadine Baumann und Sabine Köller, deren Arbeit ungefähr das 'astor Promotions' von 'Castor Promotions' ausmacht; dann Vivi Eickelberg, die meine erste Mentorin im Biz war; die Musiker der Gruppe 'Steinwolke', die mich jahrelang geduldig 'eingearbeitet' haben; Martin Propp, Dieter Schubert und Michael Bisping, Michael Smilgies, Arwed Fischer und seine Bande; Horst Luedtke, Thommy Klein, Walter Pütz, Andrés Balhorn, Patrick Orth, Hartwig Masuch, Bernie Schick, Joke Jordan, Ute-Elke Schneider; Karsten Kaus, ohne den die Rechner in unserer Firma wahrscheinlich nur 'Tetris' spielen könnten; Rainer Bock; Babs Oberpichler, die ich sehr vermisse, Achim Hut, die Leute von der LAG Rock Niedersachsen und vom Rockbüro Hannover, ohne die die Seminare nie ins Leben gerufen worden wären; Rechtsanwalt Peter Mayer, dessen unbürokratische und juristisch versierte Hilfe ich schon oft zu schätzen wußte, Klaus Hagenbach, der weit mehr macht als nur mein Steuerzeugs, dem IDKV (Interessenverband Deutscher Konzertveranstalter und Künstlervermittler), der eine super arbeitende und sehr engagierte Lobby in unserer Branche bildet, und durch den ich nie Angst vor dem Arbeitsamt haben mußte, als alle Welt noch dachte, man bräuchte eine Lizenz der Bundesanstalt für Arbeit, um Künstler zu vermitteln; all die Seminar-Teilnehmer, die mir geholfen haben, nie den Draht zur Basis zu verlieren und die durch ihre Anregungen mit dafür gesorgt haben, daß ich die Seminare und dieses Buch inhaltlich und methodisch weiter entwickeln konnte, und nicht zuletzt die Musiker, die unserer Firma ihr Vertrauen schenken und mit uns zusammenarbeiten; hier all die vielen anderen Kollegen, Geschäftspartner und -freunde, Leute der Musikindustrie und der Medien aufzuzählen, mit denen es immer wieder Spaß macht zu arbeiten, führt leider zu weit, aber auch ihnen sei gedankt.

In Bezug auf die Realisierung dieses Buchs möchte ich mich bedanken bei Achim, Thorsten und Karsten, die viel Geduld und Einfühlungsvermögen beim Lesen des Manuskripts, Verbesserungsvorschläge-Machen, wieder-Lesen, weiterem Verbesserungsvorschläge-Machen und erneutem Lesen... gezeigt haben. Sehr geholfen durch ihr Engagement und ihren Einsatz haben mir auch Olav Bjerke, der das Projekt von Anfang an unterstützte und Thomas Petzold, der für dieses Buch bereit ist, kreative und eher ungewöhnliche Wege zu beschreiten sowie Lilly Tomec, die das Cover entworfen hat.

Ganz besonders bedanken möchte ich mich bei Bob Lyng, der mir nicht nur Agent und ein wirklich guter Freund ist, ohne den ich die Idee vielleicht nie umgesetzt hätte, sondern der auch ganz direkt an diesem Buch mitgearbeitet hat, indem er mir besonders beim Kapitel über Merchandising mit Rat und Tat zur Seite stand.

1 'Die weltfremden Traumtänzer'

Es war einmal... eine Band, die machte einfach nur tolle Musik. Zweimal in der Woche probten "Die weltfremden Traumtänzer" - so hieß die Band - in ihrem Übungskeller, einem kleinen, muffigen Raum eines ausrangierten Bunkers. Eines Tages kam zufällig ein Veranstalter an dem Bunker vorbei, gerade, als die Tür für einen Augenblick weit offen stand. Er hörte die tolle Musik und war sofort begeistert. Er bot der Band viel Geld an, damit sie ein Konzert in seiner Halle gäbe. Leider fanden nur 2.000 Zuschauer Platz in der Halle, so daß viele Fans, die die tolle Musik auch unbedingt hören wollten, wieder nach Hause geschickt werden mußten. Die "Traumtänzer" spielten ihre Musik nun auf der Bühne in der Halle, genauso, wie sie sie sonst immer im Übungsraum gespielt hatten, und alle fanden das Konzert supergut. Natürlich waren auch viele Journalisten und zwei Fernsehteams da, (denn die Medien wissen ja, daß es ihre Aufgabe ist, immer am Puls der Zeit zu sein und über interessante neue Bands zu schreiben, auch wenn die noch nicht so bekannt sind). Und so druckten viele kleine und große Zeitungen und Zeitschriften Konzertkritiken, in denen zu lesen war, wie toll das Konzert der Band war, die beiden Fernsehsender zeigten Ausschnitte, einige Musikzeitschriften druckten auch gleich Interviews mit der Band, und alle Radiosender spielten das Demo-Tape der Band den ganzen Tag lang.

Weil so viele Fans ganz traurig und wütend waren, daß sie das Konzert nicht hatten sehen können, und weil nun immer mehr Leute die Band sehen wollten, über die so viel geschrieben und gesendet wurde, mietete der Veranstalter ein Fußballstadion und bot der Band noch viel mehr Geld als beim ersten Mal an, damit sie noch ein Konzert gibt. Inzwischen hatte es sich natürlich auch bei den großen Plattenfirmen irgendwie rumgesprochen, daß es da eine Band gibt, die ganz tolle Musik macht. Also machten sich die Talent-Scouts all der großen Plattenfirmen, bewaffnet mit Verträgen und Koffern voller Geld, aus dem ganzen Land auf, um die "Traumtänzer" zu sehen. Nach dem Konzert hatten einige Einkäufer der Tonträgerfirmen etwas Mühe, noch in die Garderobe der Band reinzukommen, weil schon so viele Journalisten, Veranstalter und Kollegen von anderen Plattenfirmen dort waren, um mit der Band zu feiern. Es wurde eine richtig nette Party, der Veranstalter hatte weder Kosten noch Mühen gescheut, um auf seine Rechnung alle mit erlesenen Speisen und reichlich Getränken zu versorgen.

Die weltfremden Traumtänzer

Gegen vier Uhr morgens unterschrieben die Bandmitglieder dann einen Plattenvertrag bei dem netten Plattenfirmen-Mann, der ihnen versprochen hatte, sie dürften so lange mit seinem roten Ferrari fahren, bis sich jeder einen eigenen leisten kann (was aber nicht lange dauern würde), und der so tolle Witze erzählen konnte. Von dem großzügig bemessenen Vorschuß der Plattenfirma fuhren die Bandmitglieder dann erst mal ausgiebig in den Urlaub, während ein großer Tourneeveranstalter schon mal die Welt-Tournee der Band vorbereitete. Als sich alle richtig erholt hatten, spielte die Band in einem netten Studio in Los Angeles innerhalb von nur zwölf Monaten ihre erste CD ein, die dann irgendwie auch ziemlich schnell in die Top 10 der Charts aufstieg. Als die Tournee dann losgehen sollte, stiegen die Musiker aus ihren Ferraris einfach in die Chartermaschine der Plattenfirma um und jetteten von nun an von Erfolg zu Erfolg, ... und wenn sie nicht gestorben sind, dann jetten sie noch heute.

Soweit die Geschichte, die so oder ähnlich scheinbar immer noch in den Köpfen vieler Leute herumspukt. Dieses Buch ist für die Musiker oder sonstwie mit dem Live-Musikbusiness Befaßten geschrieben, die nur bedingt an Märchen glauben.

Aber: Bitte bleibt, wie insgesamt im Musik-Business, auch beim Lesen dieses Buches kritisch, übernehmt nicht einfach alles kritiklos als eine etwas andere Version desselben Märchens. In vielen Punkten schreibe ich einfach nur meine subjektive Meinung bzw. berichte aus meinem persönlichen Erfahrungsbereich.

Nehmt den Inhalt dieses Buches als Anregung und geht nicht davon aus, daß ich die gesammelte Weisheit der Live-Musik-Branche mit Löffeln gefressen habe. In einigen Punkten werdet ihr sicher andere Ansichten vertreten als ich, andere Arbeitsstile pflegen oder einfach eine andere Mentalität haben. Das ist auch gut so, denn meiner Meinung nach haben in dieser harten Branche nur ausgeprägte, individualistische Persönlichkeiten eine Chance, sich durchzusetzen.

Geht nicht davon aus, daß Ihr nach eifriger Lektüre dieses Werks nie wieder Lehrgeld zahlen müßt oder daß Ihr durch das Umsetzen der Anregungen hier nicht trotzdem ganz hart am Ball bleiben und viel Durchhaltevermögen an den Tag legen müßt. Dem ist nicht so.

Aber vielleicht sind Euch einige Zusammenhänge nach dem Lesen nicht mehr ganz so suspekt wie vorher und Ihr findet hier einige Tips und Anregungen, wo und wie Ihr in dem Riesen-Berg des Arbeitens in der Live-Musik-Branche ansetzen könnt, um für Eure eigene und/oder andere Bands den Bereich der Live-Musik erfolgreicher bearbeiten zu können.

Das geschäftliche Umfeld einer Band
und sein Zusammenspiel, um gemeinsam kommerziellen Erfolg zu erzielen

(sehr modellhaft und vereinfacht dargestellt)

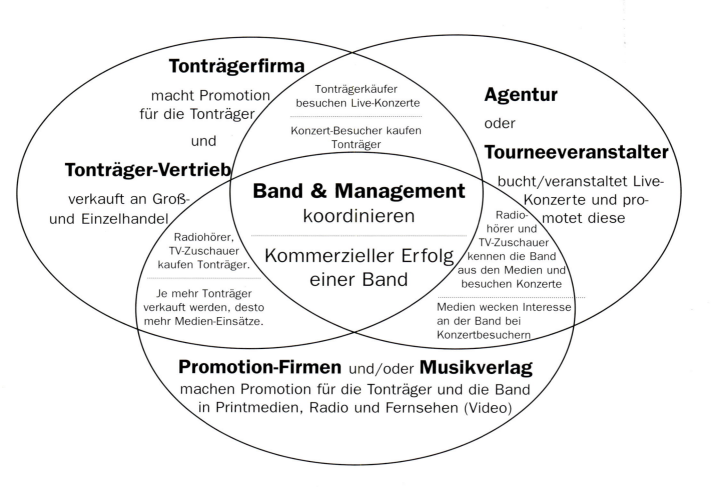

Wer tut was? 2

2.1 Die Band

... sollte keinesfalls nur Musik machen, jedenfalls dann nicht, wenn sie sich vorgenommen hat, von Musik auch nur annähernd zu leben. Zwar kommt das Musik-Business den meisten Musikern weder spannend noch besonders leicht durchschaubar vor (letzteres wirkt auch auf Profis im Business so, denn das Geschäft mit Musik ist nicht leicht durchschaubar), aber wer heute noch glaubt, nur durch das Schreiben und Spielen guter Songs Pop-Star werden zu können, irrt meiner Ansicht nach gewaltig.

So sollte sich eine Band oder wenigstens ein Mitglied der Band unbedingt **Kenntnis über das Musik-Business** verschaffen, und zwar aus verschiedenen Gründen:

1. Wissen ist Macht, soll heißen: Je mehr Ihr selbst vom Business versteht, desto weniger können Euch andere erzählen, im Himmel sei Jahrmarkt, d.h. Ihr habt um so mehr tatsächliches Mitspracherecht, was den Werdegang Eurer Karriere angeht. Es geht nämlich tatsächlich um *Eure Karriere*. (Ich staune immer wieder, wie wenig Musiker das Business zu interessieren scheint.) **Und: Nichts wissen macht was**, denn: Wie wollt Ihr konstruktiv mit Euren Partnern zusammenarbeiten, wenn Ihr keine Ahnung habt, worum es geht und was zu tun ist? Wie wollt Ihr Eure Partner kontrollieren, wenn Ihr selbst von der Materie nicht wenigstens ein bißchen Ahnung habt? Wie wollt Ihr herausfinden, ob die Angebote, die Euch ein Partner macht, seriös sind oder nicht, wenn alles, was er sagt, böhmische Dörfer für Euch sind? So viele Musiker unterschreiben gutgläubig und unwissend Verträge, die sie für Jahre oder gar lebenslänglich an eine Firma binden, die ihnen Pflichten auferlegen und den Musiker in seinen Rechten beschneiden, ohne auch nur einen Bruchteil des Vertragsinhalts verstanden zu haben. Das ist gerade so, als wenn Ihr eine teure Wohnung ungesehen aber auf Lebenszeit mietet, nur, weil Euch der Vermieter am Telefon erzählt hat, alles sei gut und die Wohnung genau das richtige für Euch.

Wozu braucht ein Musiker Kenntnis über's Musik - Business?

Dies ist kein Appell an Euch, jedem gegenüber und immer mißtrauisch zu sein und hinter allem böse Absichten zu wittern. Ihr könnt böse von guten Absichten aber nur dann unterscheiden, geschweige denn Euch selbst konstruktiv in die Planung Eures Artist Developments (wörtl.: Entwicklung des Künstlers, d.h. natürlich Eurer Karriere) einbringen, wenn Ihr selbst etwas Fachkompetenz habt.

Warum Profis im Musik-Business Musiker mit Know-How schätzen

2. Profis (egal, ob aus Plattenfirmen, Musikverlagen, Promotion-Firmen, Agenturen oder Managements) lassen sich nur schwerlich überzeugen, eine Band unter Vertrag zu nehmen, die sich nicht **durch eigene Vorarbeit wenigstens kleine Achtungserfolge bei Medien und Publikum** erarbeitet hat. Das wiederum hat oft schlicht finanzielle Gründe: Eine noch sehr unbekannte Band ist für alle Profis zunächst ein Investitionsgeschäft, d.h. die Firma steckt viel Engagement, Zeit und Geld in ein Projekt, das *vielleicht* irgendwann einmal Erfolg haben wird (falls die Band überhaupt lange genug existiert). Je mehr die Band schon vorgeleistet hat, indem sie am Anfang ihre Karriere selbst aktiv in die Hand genommen hat und sich erste Erfolge beim Publikum und den Medien erarbeitet hat, desto eher sind natürlich auch Profis bereit, in den zukünftigen Erfolg der Band zu investieren und sich für sie zu engagieren.

Band-eigene Vorarbeit vereinfacht die Suche nach professionellen Partnern

Auch im Musikgeschäft laufen Entscheidungen für oder gegen ein Projekt zu einem Teil über persönlichen Geschmack und Intuition, also über das berühmt-berüchtigte 'Näschen für Hits', das man braucht, um nicht nur Flops (kommerziell erfolglose Songs, Projekte) in Reihe einzukaufen. Wenn ein Profi im Musikbusiness sich dafür entscheidet, mit einer Newcomer-Band zusammenzuarbeiten, muß er das fast ausschließlich aufgrund von Spekulationen im Sinne von: 'Das könnte was werden' tun. Je mehr harte Eck-Daten in Bezug auf bereits vorhandene, auch noch so kleine Erfolge, ihm eine Band also liefern kann, die seine 'Das könnte was werden'-Annahme unterstützen, um so eher kann er sich für eine Zusammenarbeit entscheiden. Es ist wie überall sonst auch: Es fällt leichter, etwas gut zu finden, wenn man sicher ist, mit seiner Meinung nicht ganz allein dazustehen. Wenn es also schon gute Presserezensionen zu Konzerten, Demo-Tapes oder selbst produzierten CDs der Band gibt, kann das die Entscheidung zugunsten der Band ein wenig beeinflussen.

Wenn sich gar schon andere Profis für die Band engagieren, wirkt das sicher noch stärker in Richtung einer positiven Entscheidung:

Zum einen, weil auch hier der Mechanismus zieht, 'Aha, das finden auch andere vielversprechend, sogar solche, die vom Musikgeschäft was verstehen', vor allem aber aus noch viel wichtigeren Gründen: Jeder (professionelle) Partner im Umfeld einer Band ist ein möglicher Erfolgs-Multiplikator für die Band, denn auch er leistet karrierefördernde Arbeit für die Band bzw. für das Tonträger-Produkt. Das heißt, es können sogenannte Synergie-Effekte entstehen. Von Synergie spricht man dann, wenn die Energien mehrerer Beteiligter einander sinnvoll ergänzen. So versteht eine Plattenfirma sicher mehr vom Platten-Verkaufen und den dazu notwendigen Schritten (Marketing-Maßnahmen) als eine Booking-Agentur, und umgekehrt kann ein guter Agent sicher mehr sinnvolle, karrierefördernde Auftritte buchen als eine noch so gute Platten-Company. So können die 'Fachleute' der verschiedenen Bereiche einander ergänzen, gemeinsam am Karriere-Konzept der Band basteln und gemeinsam an dessen Umsetzung arbeiten, vorausgesetzt, die beteiligten Partner bilden ein gutes Team - was übrigens in der Praxis leider nicht immer selbstverständlich ist. Und natürlich entsteht auch in Bezug auf zu investierendes Geld eine Art Synergie-Effekt. Jeder der professionellen Partner der Band braucht nur einen Teil des gesamten Investitionsvolumens aufzubringen. Das ist für kaufmännisch denkende Geschäftsleute ein nicht zu unterschätzender Motivations-Faktor, sich für eine Band zu engagieren.

Synergie-Effekt

Risikoverteilung auf mehrere Partner, Teamwork

Know-How allein genügt natürlich nicht. Von Anfang an habt Ihr sinnvolle Möglichkeiten, aktiv das Ruder Eurer musikalischen Karriere in die von Euch gewünschte Richtung zu drehen:

Ihr solltet möglichst frühzeitig einige, eventuell auch unbequeme Diskussionen führen, um in **grundsätzlichen Fragen Einigkeit** zwischen allen Bandmitgliedern herbeizuführen. Dann könnt Ihr später alle an einem Strang ziehen und müßt nicht Eure Energie durch Grundsatz-Streitigkeiten verschleudern. Schließlich ist es auch ohne solche Reibungsverluste schwer genug, im Musikbiz Karriere zu machen.

Band-intern wichtige Grundsatzfragen klären

Die Idee, am Anfang einer Band-Geschichte Grundsätzlichkeiten abzuklären, drängt sich Musikern naturgemäß nicht gerade auf, was ich auch ganz einleuchtend finde. Wie geht's denn in der Regel los? Jemand macht Musik und möchte dann irgendwann nicht mehr allein im Wohnzimmer mucken, sondern mit anderen zusammen Musik machen. Wenn sich dann endlich die Leute zusammengefunden haben, zwischen denen es musikalisch und menschlich stimmt, sind die 'Band'-Mitglieder erst mal damit beschäftigt, das zu tun, weswegen sie einander gesucht haben: Zusammen Musik zu machen, eventuell Songs zu schreiben, zu arrangieren und einzuproben. Irgendwann kommt dann der Moment, an dem sie Lust bekommen, ihr Programm auf Konzerten zu spielen, und die ersten Shows ergeben sich meist fast von selbst ohne großen Arbeitsaufwand auf Parties bei Freunden, im Jugendzentrum um die Ecke oder auf dem heimischen Stadtfest. Und ohne, daß irgend jemand es richtig bemerkt, ist die Band schon ein bißchen ins Geschäft eingestiegen, bisher hat sich immer eines aus dem anderen ergeben, warum sollte man da Grundsatzdiskussionen führen? Irgendwie wird's sich schon weiterentwickeln. Schau'n wir mal. Na, kommt Euch dieser Weg bekannt vor?

Oft wird Übereinstimmung aller Bandmitglieder in wesentlichen Grundsatzfragen stillschweigend von allen vorausgesetzt; gerade an Uneinigkeiten in diesen Fragen zerbrechen viele Gruppen, bevor die Karriere richtig losgeht, nachdem aber schon viel Energie und Nerven (eventuell auch Geld und Zeit) in das Projekt gesteckt wurden.

Typische Knackpunkte in Bands

Typische Knackpunkte in Bands sind Uneinigkeiten in Bezug auf scheinbare Kleinigkeiten wie Probenhäufigkeit, Pünktlichkeit und Zuverlässigkeit einzelner Bandmitglieder, was die Erledigung übernommener Aufgaben angeht; Kniest gibt's aber auch wegen 'großer' Themen wie Finanzen oder z.B. der Frage, wer aus der Band in Einzelfällen von Uneinigkeit entscheidet. Ich würde fast eine Wette eingehen, daß jeder, der schon mal in einer Band Musik gemacht hat, mindestens eines der genannten Probleme aus eigener Erfahrung kennt, oder?

Sicherlich ist es nicht möglich, alle zukünftigen Probleme innerhalb einer Band im Vorfeld zu lösen, aber wenn man für wirklich wichtige Punkte frühzeitig gemeinsam Vorgehensweisen beschließt, kann man eine Menge Huzzle vermeiden, und sei es schlimmstenfalls, und ich *meine* schlimmstenfalls, durch das Auswechseln einzelner Musiker, wenn deren Standpunkte in wichtigen Aspekten zu stark von denen der anderen abweichen.

Kompromisse, mit denen alle leben können, sollten meiner Ansicht nach zumindest für folgende Fragen gefunden werden:

Unter welchen übergeordneten **Zielsetzungen** macht Ihr zusammen Musik, bzw. gibt es überhaupt Ziele für Eure Band, die über den Selbstzweck des Spaß Habens am Musik Machen hinausgehen?

Wollt Ihr aus Spaß Feierabendmucken, wollt Ihr öfter mal auftreten und darauf hinarbeiten, kommerziell erfolgreicher zu werden, oder wollt Ihr gar ganz oder halbwegs als Profis bzw. Semi-Profis von der Musik leben?

Aus der Beantwortung dieser grundsätzlichen Frage ergeben sich weitere:

Wieviel Zeit könnt und wollt Ihr in die Gruppe investieren? Das bezieht sich auf Auftrittshäufigkeit, mögliche Tourneedauer aber auch auf Häufigkeit und Intensität der Proben.

Seid Ihr bereit, außer Eurem musikalischen Engagement auch **Geld, Energie und Kreativität** ins Artist Development Eurer Band zu stecken? Wieviel Arbeit darin steckt, eine Band aufzubauen, seht Ihr schon daran, wie viele Firmen unterschiedlicher Art es gibt, die sich genau darum kümmern (Managements, Plattenfirmen, Musikverlage, Agenturen, Promotion-Firmen, Werbe-Agenturen, Steuerberater und Rechtsanwälte, die sich auf den Musik-Bereich spezialisiert haben, Firmen, die sich um den kompletten technischen Bereich von Musik kümmern, Tonstudios und, und, und). Also macht Euch klar, daß Ihr viel ackern und Euch Gedanken machen müßt, wenn Ihr professionelle Ambitionen hegt; vergeßt die Idee, Pop-Star zu werden, einfach ganz schnell wieder, wenn Ihr dazu nicht bereit seid.

Wenn Ihr tatsächlich darauf hinarbeiten wollt, von den Erlösen aus Eurer Musik zu leben, solltet Ihr Euch auch Gedanken darüber machen, wovon Ihr in der Zwischenzeit Euren Lebensunterhalt bestreitet. Prima wäre ein Job, der Euch zeitlich flexibel bleiben läßt, damit Ihr auch relativ kurzfristige Band-Termine wahrnehmen könnt, ohne vier Monate vorher Urlaub beantragen zu müssen. Gut wäre natürlich auch, wenn Euch Euer Job nicht so viel Zeit und Energie nimmt, daß Ihr dann regelmäßig völlig k.o. zur Probe kommt oder keine weiteren Aufgaben in der Band mehr übernehmen könnt.

Gut. Wenn Ihr also das übergeordnete Ziel für Euch klar habt, solltet Ihr daran gehen, klare Zielsetzungen zu formulieren, und zwar kurz-, mittel- und längerfristige. Zielsetzungen sind nicht zu verwechseln mit Wunschäußerungen.

Welche Zielsetzungen?

Wieviel Zeit, Geld, Energie, Kreativität könnt und wollt Ihr in Eure Band investieren?

Kurz-, mittel-, und längerfristige Ziele setzen

Eine Wunschäußerung ist z.B. 'Wir wollen mit unserer Band reich und berühmt werden'. Jau! Was heißt 'reich'? Villa mit Swimmingpool und Butler, Porsche neben der Harley in der Doppelgarage? Oder heißt 'reich' schon, genug Geld zum Leben zu haben? Breites Spektrum, das es dazwischen gibt. Was bedeutet 'berühmt'? Wenn Euch die drei Typen aus der Nachbar-Kneipe als die Jungs wiedererkennen, deren Konzert sie neulich im Jugendzentrum gesehen haben, oder fängt 'berühmt' beim Star-Schnitt in der BRAVO an? Und bis wann wollt Ihr 'das' erreicht haben?

Wichtig ist, daß Ihr ganz klare kurz-, mittel- und längerfristige Ziele formuliert, auf deren Erfüllung Ihr dann auch konsequent hinarbeitet. Setzt Euch größere Ziele sowie kleinere 'Etappen-Ziele', und überlegt Euch für alle diese Ziele realistische Termine, an denen diese erreicht sein sollen. Bei Einzelaufgaben solltet Ihr auch die für die Umsetzung verantwortliche(n) Person(en) benennen. Dieses Vorgehen hat mehrere Vorteile für Euch:

Marketingkonzept immer wieder überprüfen

Ihr seid durch die Zielformulierungen und die anschließende Analyse, ob und wie diese Ziele erreicht wurden, gezwungen, Euch immer wieder mal **intensiv Gedanken über das Marketing-Konzept Eurer Band** zu machen. Dieses Nachdenken über den jeweiligen Stand des Fortschreitens Eurer Karriere kann verhindern, daß Ihr Euch im Lauf der Zeit 'betriebsblind' im Detail verzettelt. Um über bisher Erreichtes oder zukünftig zu Erreichendes nachzudenken, muß man innerlich einen Schritt aus dem Geschehen heraustreten. Man ist gezwungen, eine - unbedingt gesunde und notwendige - Distanz zum eigenen Handeln zu schaffen, sich das ganze mal 'von außen' her zu betrachten. Ihr kennt dieses Phänomen sicher aus eigener Erfahrung: Man vertieft sich in eine Sache, macht und macht, und plötzlich hat man das Gefühl, in einer Sackgasse zu stecken, es fällt einem nichts mehr ein, man kommt nicht weiter. Wenn man dann die ganze Geschichte einfach mal für ein paar Tage liegen läßt und danach wieder rangeht, hat man plötzlich ganz neue Ideen, weiß wieder weiter, schmeißt alte Ideen über den Haufen, geht das Problem vielleicht sogar von einer ganz anderen, aber viel sinnvolleren Seite her an. In solchen Fällen hat einfach die Zeit die notwendige Distanz geschaffen, dadurch, daß man seinem Gehirn den Freiraum gegeben hat, sich (bewußt) mit ganz anderen Dingen zu beschäftigen. Der Kopf ist wieder frei, den roten Faden des Problems zu finden und effektiv an ihm weiterzuarbeiten. Ähnlichen Effekt kann man erzielen, indem man selbst sein Vorgehen vorher, zwischendurch und hinterher (nach dem Erreichen/ Nicht-Erreichen von Teilzielen) hinterfragt und überprüft: Was wollen wir (als nächstes) erreichen? Welche möglichen Wege gibt es, dieses (Teil-) Ziel zu erreichen, welcher Weg ist in unserem Fall dafür der geeignetste? Was ist zu tun, um sich dem Ziel zu nähern? Bis wann wollen und können wir realistischer Weise dieses Ziel erreicht haben? Warum haben wir es in der eingeplanten Zeit erreicht bzw. eben nicht erreicht?

Wenn Ziele bzw. einzelne Zwischenziele nicht im gesteckten Zeitrahmen erreicht worden sind, untersucht, woran das gelegen hat bzw. haben könnte:

Schluderei einzelner oder aller? Konsequenz: Beim nächsten Mal weniger schludern oder Eure Schludrigkeit gleich in die Zeitplanung einbeziehen (Es ist illusorisch zu glauben, man könne bei der Arbeit für eine Band die Charaktere der einzelnen soweit verändern, daß z.B. aus einem notorischen Zuspät-Kommer ein superpünktlicher Mensch wird; realistischer und für alle mit weniger Streß verbunden ist's, dessen regelmäßige Unpünktlichkeiten ins Konzept einzukalkulieren.)

Warum wurden (Teil-) Ziele erreicht bzw. warum nicht?

Oder lag das Nichterreichen des Ziels an schlechter Vorplanung? Wenn das Ziel z.B. gelautet hat, daß das gesamte Werbematerial bis zum Termin X fertiggestellt und vervielfältigt sein soll, habt Ihr bei der Planung die Zeiten realistisch einkalkuliert, die Druckereien zur Litho-Erstellung und zum Druck inkl. Trocknen der Druckergebnisse oder ein Fotograf zur Entwicklung der Filme benötigen?

Oder habt Ihr Eure Situation am Markt falsch eingeschätzt? Habt Ihr vielleicht Euch immer nur die positiven Resonanzen auf Euer 'Konto' gebucht und die negativen verdrängt? Habt Ihr einfach in Eurem musikalischen Elfenbeinturm gesessen, Euch Eure eigene Musik so lange 'schön gehört', bis Ihr sie völlig Klasse fandet, ohne Rückmeldungen anderer Leute einzuholen? Seid Ihr nach drei Konzerten, in denen Ihr Euch selbst ganz toll fandet, ein bißchen abgehoben, ein bißchen größenwahnsinnig und nachlässig geworden und wundert Euch nun, daß beim vierten Konzert der Applaus doch etwas mager ist und kaum begeisterte Zugabenrufe kommen? Habt Ihr vielleicht kurzzeitig vergessen, daß die Erde einige Milliarden und nicht einige hundert Bewohner hat, weil Ihr Euch nach immerhin fast 20 Konzerten mit jeweils 50 bis 150 (durchaus begeisterten) Zuschauern wundert, warum die Plattenfirmen und Journalisten noch nicht bei Euch vor der Tür Schlange stehen? Ihr wißt, was ich meine: So prima es für das Selbstbewußtsein und die souveräne Ausstrahlung einer Band ist, das Gefühl zu haben, man sei ganz schön gut und auch schon ganz schön berühmt, ab und an ist's durchaus sinnvoll und wichtig, mal wieder auf den Teppich zu kommen, um den Blick für das wirkliche Leben nicht zu verlieren und um den eigenen Status am Markt halbwegs richtig einzuschätzen.

Zielplanung dient auch der Strukturierung der Arbeit

Weiterer Vorteil von Zielplanung: Ihr strukturiert Eure Arbeit durch, d.h. bringt die einzelnen Schritte in sinnvolle inhaltliche und zeitliche Abläufe. So hat jeder einzelne auch immer wieder die Möglichkeit zu überprüfen, ob man noch im Zeitplan ist, ob einzelne Sachen nun aber wirklich ganz schnell erledigt werden müssen, und um zu checken, ob der Zeitraum, den Ihr für einzelne Schritte angesetzt habt, zu lang oder zu kurz bemessen war. Bei falscher Zeitplanung müßt Ihr halt Eure nächsten Zieltermine entsprechend nach vorn oder hinten verlegen, wißt aber beim nächsten Mal, wenn ähnliche Aufgaben anstehen, Eure Zeitplanung realistischer zu gestalten, d.h. Ihr nähert Euch durch das für Menschen durchaus übliche Handlungsprinzip von Versuch und Irrtum immer mehr einem professionellen Zeitmanagement an.

Prinzipiell von der Band abzulehnende Partner und Dinge

Eine andere Grundsätzlichkeit, für die Übereinstimmung in der Band gefunden werden sollte, um später Zorn oder Verweigerungshaltung einzelner Bandmitglieder zu vermeiden, ist die Frage nach von der Band **prinzipiell abzulehnenden Geschäftspartnern und Dingen**. Diese Ablehnung kann politisch motiviert sein (keine Konzerte für politische Parteien bzw. Parteien einer bestimmten Richtung oder anderer Institutionen, z.B. Bundeswehr, keine Interviews für bestimmte Zeitungsverlage...) oder aus einer persönlichen Ablehnung heraus entspringen (z.B. keine Konzerte, die von Tabak-, Alkoholfirmen oder was auch immer Ihr ablehnt, gesponsort werden).

Finanzen sind für viele ein etwas unangenehmes und daher vermiedenes Diskussionsthema. Ihr umgeht das Thema deshalb, weil Ihr es als etwas heikel und unangebracht betrachtet. Ihr wollt nicht als geldgierig erscheinen und besonders mit Freunden nicht über schnöden Mammon diskutieren, was ich alles verständlich finde. Allerdings ist diese Vermeidungsstrategie meiner Meinung nach weder besonders clever noch angemessen.

Klug ist die Umgehung dieses Themas deshalb nicht, weil irgendwann doch alle finanziellen Fragen, zu welchem Problem auch immer, gelöst werden müssen. Klärt Ihr sie von vornherein im Vorfeld sachlich, selbstverständlich und so, daß danach für niemanden mehr Unklarheiten bestehen, kann sich niemand hinterher übervorteilt fühlen, was Euch, auch unter Freunden und wirklich guten Geschäftspartnern, sicher eher Respekt und Sympathiepunkte einbringt als Druckserei vorher und weitere finanzielle Forderungen dann im 'Nachschuß' bzw. sog. Kleingedruckten Eurer Verträge. Es ist, auch bandintern, sinnvoller, finanzielle Fragen frühzeitig zu klären. Was habt Ihr davon, wenn Ihr Eurem neuen Bassisten aus Angst, Euch unbeliebt zu machen, nicht gleich sagen mögt, daß er sich monatlich mit 100.- DM an der Übungsraummiete beteiligen muß, ihn dann nach vier Wochen darauf ansprecht und dann, zu Recht, ein langes Gesicht und den Spruch: "Das hättet Ihr mir aber gefälligst auch gleich sagen können!", erntet?

Das "heikle" Thema Geld

Angemessen finde ich eine ignorante Haltung finanziellen Fragen gegenüber deshalb nicht, weil es, besonders in unserer heutigen Gesellschaft, absolut nicht anrüchig ist, für Geldwertes Geld zu verlangen. Ich weiß, wie schwer es ist, seine eigene Leistung in Geld umzurechnen und zu verkaufen. Man kommt sich immer ein wenig gierig vor, und irgendwie empfindet man es fast als ein bißchen entwürdigend, die eigene Musik, die man ja hauptsächlich wegen der Freude am Spielen selbst macht, in schnöden Mammon umrechnen zu sollen. Aber, sacra, wir leben nun mal nicht auf einer Südseeinsel, auf der Kokosnüsse gegen Melonen getauscht werden, und auf der eine Hand die andere wäscht, indem einer für alle Wasser holen geht, dafür ein anderer für alle kocht. Und das, was Ihr tut, indem Ihr Musik macht, ist Kunst, ob Eure Musik nun vielen oder wenigen gefällt, ob sie technisch ausgezeichnet oder miserabel dargebracht wird. Wenn Ihr selbst Eure Musik nicht als hörenswert empfändet, würdet Ihr sie sicher nicht anderen Menschen präsentieren wollen, oder? Und da das Tauschmittel in unserer Gesellschaft nun mal Geld ist, ist es völlig in Ordnung und selbstverständlich, daß Ihr für das

Darbringen Eurer Kunst Geld verlangt. Dies ist ein Punkt, den man meiner Meinung nach gar nicht deutlich genug machen kann. Wenn ich in Seminaren mit Musikern, die ihre eigene Band vermarkten wollen, in Telefonspielen Vertragsverhandlungen simulieren lasse, fangen die, sonst oft sehr souveränen und redegewandten Musiker regelmäßig an zu drucksen: "Unser Honorar, hmm, na ja, also (leiser werdend, nuschelnd:) 500.- DM bräuchten wir schon??" Oder: "Also, da wäre noch ein etwas heikles Thema, über das wir sprechen müßten... unsere Gage..."

Also: Klärt bandintern finanzielle Fragen sachlich und souverän im Vorfeld ab und nach draußen, Euren Geschäftspartnern gegenüber, genauso.

Innerhalb der Band solltet Ihr z.B. klären, ob Ihr bereit seid, auch Shows zu spielen, die zwar wenig oder keine Gage einbringen, deren Promotion-Effekt aber förderlich für das Fortkommen Eurer Karriere sein kann.

Wie geht die Band mit Band-Einnahmen um?

Ihr solltet besprechen, ob jeder von Anfang an wenigstens etwas Bargeld nach einem Auftritt übrig haben soll, oder ob Ihr es sinnvoller findet, zunächst alle Gewinne auf ein Bandkonto einzuzahlen, um für Band-Belange flüssig zu sein: Übungsraummiete, Fotografenhonorar, Studiokosten, Instrumentenkäufe, Druckkosten für Infos und Poster, Fotovervielfältigung, Bandbus-Kauf oder - Miete, eventuelle Techniker-Honorare, Herstellungskosten für T-Shirts oder sonstige Merchandising-Artikel und, und, und.

Möglichst früh finanzielle Unabhängigkeit schaffen

Je mehr Ihr aus eigener Tasche finanzieren könnt, um so weniger seid Ihr auf andere angewiesen, die Euch finanziell unter die Arme greifen, die dies aber in den seltensten Fällen umsonst tun, sondern im Gegenzug dafür z.B. irgendwelche Rechte (z.B. Verlags- oder Merchandising-Rechte) von Euch verlangen, was dann Eure zukünftigen Gewinne schmälert. Je eher Ihr anfangt, mit der Band verdientes Geld nicht gleich auf den Kopf zu hauen bzw. innerhalb der Band für Privatzwecke zu verteilen, umso eher habt Ihr die Möglichkeit, selbst am Markt aktiv zu werden und damit Eure zukünftigen Verdienstchancen erheblich zu vermehren. Ihr kennt den (wahren) Spruch: Wo Geld ist, geht Geld hin. Ein ausführlicheres Beispiel hierzu findet Ihr im Kapitel über Merchandising.

Verhaltet Euch möglichst von Anfang an als **kluge Kaufleute**, d.h. rechnet Eure regelmäßigen Kosten für die Band durch, kalkuliert, was Euch ein Konzert kostet (Busmiete, Benzin, Techniker-,

Merchandiser-Kosten, evtl. PA- und Lichtmiete, Essen unterwegs...) und habt diese Kosten zumindest immer im Hinterkopf, auch wenn Ihr sie sicher am Anfang durch ein Konzert nicht immer werdet einspielen können. Wenn Ihr ein finanzielles Risiko eingeht, solltet Ihr das nur tun, wenn Ihr Euch irgendwie auch den schlimmstmöglich eintretenden Fall leisten könnt,

Immer vom schlimmstmöglich eintretenden Fall ausgehen

Zum Beispiel: Ihr habt die Möglichkeit, in einem 200 km entfernten Club zu spielen, bekommt aber keine Festgage sondern alle Eintrittseinnahmen. In den Club passen maximal 100 Zuschauer, der Eintritt liegt bei 8.- DM/ Person. Maximal könnt Ihr also bei ausverkauftem Haus 800.- DM einnehmen. Eure Kosten setzen sich zusammen aus 100.- DM Busmiete, ca. 80.- DM Benzin, 80.- DM für Euren Mixer und ca. 50.- DM für Sonstiges (Essen, Saiten, anteilige Kosten am Promo-Material ...), also insgesamt 310.- DM (regelmäßige Kosten mal außer acht gelassen). Könnt Ihr diese 310.- DM auch dann verkraften, wenn gar keine Zuschauer kommen, also gar keine Einnahmen gegen diese Ausgaben stehen? Nur dann (aus rein finanzieller Sicht!) solltet Ihr dieses Angebot annehmen. Erfahrungsgemäß 'kalkulieren' Anfänger oft mit der bestmöglichen Verdienstspanne ("Prima, da haben wir ja 490.- DM über!"), was in den seltensten Fällen der Realität entspricht.

Und neben all dem schon Genannten, was zu tun ist, müßt Ihr natürlich auch bandintern einige Aufgaben, Rechte und Pflichten verteilen:

Erstens: **Wie werden (wichtige) Entscheidungen innerhalb der Band getroffen?** Wird etwas nur dann gemacht, wenn alle dafür sind, genügt es, wenn die Mehrheit der Band dafür ist, oder einigt Ihr Euch von vornherein darauf, daß in Zweifelsfällen einer von Euch als eine Art 'Head of all', eine Art Kopf, die Entscheidungen trifft? Diese Entscheidung ist stark von den verschiedenen Persönlichkeiten in einer Band abhängig, und, wie immer, haben beide Positionen Vor- und Nachteile:

Wie werden Band-Entscheidungen getroffen?

Basisdemokratische Entscheidungsfindung, bei der jeder in der Band aktiv zustimmen muß, sind aus moralischer Sicht sicher vorzuziehen, haben im Alltag auch den Vorteil, daß niemand maulen kann, wenn was schiefgegangen ist, weil jeder die Entscheidung mitgetragen hat. Außerdem wird jemand, der sich aktiv für etwas entschieden hat, sich sicher motivierter für dessen Umsetzung engagieren, als jemand, dem diese Entscheidung 'vorgesetzt' wurde.

Andererseits hat diese Art der Entscheidungsfindung oft ganz praktische Nachteile, weil sie viel langwieriger und schwieriger ist, als wenn ein einzelner entscheidet: Zum einen müssen alle Bandmitglieder immer über alle Dinge den gleichen Informationsstand haben, um sachverständig und verantwortungsvoll entscheiden zu können, zum anderen sind langwierige Diskussionen zu führen und Überzeugungsarbeiten zu leisten, bis es zu einer von allen getragenen Entscheidung kommt. Dadurch entsteht einerseits Zeitverlust, der manchmal verheerend sein kann, zum anderen ein Reibungsverlust, der umgangen werden könnte, wenn einer entscheidet, nachdem die anderen ihm das Vertrauen in Bezug auf einen Einzelfall oder grundsätzlich ausgesprochen haben.

Zweitens: **Wer übernimmt welche Aufgaben in der Band?** Nein, nein, ich meine nicht, wer welches Instrument spielt. Viiiiel zu einfach. Was ich hier meine, ist:

Wer ist für welche Aufgaben in der Band verantwortlich?

- Wer übernimmt z.B. die Verwaltung der Band-Kasse, kümmert sich um die Buchführung und den ganzen Steuerkrams?
- Wer ist zuständig für Transport-Fragen, d.h. kümmert sich rechtzeitig um die Miete eines Bandbusses bzw. um den Band-eigenen Bus?
- Wer übernimmt die Aufgabe, bei Konzerten vor Ort Ansprechpartner für den Örtlichen Veranstalter zu sein, sich um's Essen dort zu kümmern, um den Garderobenschlüssel,... und nach der Show mit dem Örtlichen Veranstalter die Abrechnung zu machen, solange Ihr noch keinen Tour-Manager habt?
- Wer sorgt dafür, daß alles, was beim Konzert benötigt wird (Gastspielvertrag nicht vergessen!) auch mitgenommen wird?
- Wer ist nach außen der Ansprechpartner der Band (Kontaktadresse auf den Infos..., Ansprechpartner für Journalisten, Veranstalter...)?
- Wer ist zuständig dafür, daß immer rechtzeitig das Werbematerial der Band aktualisiert und nachbestellt wird?
- Wenn Ihr selbst Songs schreibt: Wer kümmert sich um GEMA-Angelegenheiten, solange Ihr keinen Musikverlag habt?

Je konkreter Ihr die Aufgaben verteilt, desto sicherer ist, daß sie termingerecht ausgeführt werden, weil einerseits nicht dauernd einer vom anderen annimmt, daß der sie erledigt, und andererseits jeder weiß, daß er die 'Schuld' nicht auf andere schieben kann, wenn was schiefläuft.

2.2 Management:

Grundsätzlich gibt es zwei verschiedene Formen des Managements: Die des **Business Managements** und die des **Personal Managements**. Beide haben völlig unterschiedliche Aufgabenbereiche, werden aber, zumindest bei noch nicht sehr arbeitsintensiven und recht gut verdienenden Bands, oft von ein und derselben Person ausgeführt.

Der Business Manager ist zuständig für das Geschäftliche, die Finanzen der Band. Er ist zu vergleichen mit einer Mischung aus Unternehmensberater, Steuersachverständigem, Anlage- und Rechtsberater. Sein Aufgabenbereich liegt hauptsächlich darin, die Band in geschäftlichen Belangen nach außen hin zu vertreten und ihr intern in geschäftlich-finanziellen Dingen zur Seite zu stehen.

Der Personal Manager betreut die Band auf persönlicher Ebene. Er koordiniert alle Termine, vereinbart z.B. Interviewtermine der Band, sorgt dafür, daß das Umfeld der Band (Plattenfirma, Verlag, Agentur, Techniker, Merchandiser, aber auch Fotograf, Grafiker, Druckereien,..) soweit vorhanden, Hand in Hand arbeitet. Er arbeitet mit am Artist Development, ggfs. auch an der Live-Performance und an der musikalischen Programmgestaltung, bespricht mit der Band weitere konzeptionelle Schritte im Marketingbereich, kümmert sich um die Kontaktpflege zu wichtigen Partnern (z.B. Journalisten, Radio-Redakteuren, A&R-Leuten von Plattenfirmen...), koordiniert und forciert die Promotionarbeit und ist der Vertreter der Band nach außen.

2.3 Agentur (auch Bookingbüro, Booker genannt)

Man muß grundsätzlich unterscheiden zwischen den Agenten in den USA bzw. UK und den Agenturen in Deutschland und dem angrenzenden Ausland, denn sie erfüllen ganz unterschiedliche Aufgaben. Die englischen bzw. amerikanischen Agenten haben weitreichendere Kompetenzen und Aufgaben als die deutschen: Sie koordinieren, meist weltweit, viele geschäftliche Belange der Band, schaffen allgemein eine Live-Präsenz der Band, suchen sich in den einzelnen Ländern Partner z.B. in Person von nationalen Tourveranstaltern und fungieren als internationale Koordinatoren, oft weit über das Live-Business hinaus.

In Deutschland sind die klassischen Aufgaben der Agenten auf das Buchen von Live-Auftritten beschränkt. Das kann das Booking einzelner Shows oder auch ganzer Tourneen sein.

Aus juristischer Sicht ist der Agent nur ein Vertreter der Band z.B. gegenüber Örtlichen Veranstaltern. Das bedeutet, daß der Agent von der Band handlungs- und zeichnungsbevollmächtigt wird, um z.B. Gastspielverträge auszuhandeln und im Namen der Band zu unterschreiben. Im Alltag bekommt die Band den Gastspielvertrag erst dann zu sehen, wenn er bereits in allen Einzelheiten ausgehandelt und von beiden, dem Örtlichen Veranstalter und dem Agenten, unterschrieben ist. Juristischer Vertragspartner des Örtlichen Veranstalters ist aber die Band. Kommt es also zu einer Gerichtsverhandlung, weil Band oder Örtlicher Veranstalter meinen, der Vertrag wurde nicht eingehalten, sind Band und Örtlicher Veranstalter Kläger bzw. Beklagte, der Agent ist nur Zeuge. Soll heißen: Wenn ein Örtlicher Veranstalter klagt, wird gegen Euch geklagt, nicht gegen Euren Agenten. Verliert die Band den Prozeß, trägt sie alle anfallenden Kosten, nicht etwa der Agent, es sei denn, die Band hätte bezüglich der Kostenübernahme vorher etwas anderes mit ihrem Agenten vereinbart.

Das Kriterium Einzel-Show- oder Tour-Booking spielt bei der Unterscheidung zwischen Agent und Tourneeveranstalter keine Rolle, sondern hier geht es hauptsächlich um die Frage, wer das gesamte unternehmerische Risiko einer Tour trägt. Der Agent wird in der Regel per prozentualer Beteiligung am eingespielten Honorar bezahlt, während ein Tourveranstalter für alle Kosten und Gagen der Tour garantiert, dafür aber auch einen Großteil der eventuellen Gewinne einer Tournee einstreicht.

Die **klassischen Aufgaben** der Agentur bestehen darin,
- der Band geeignete Auftritte in sinnvoller Reihenfolge zu buchen, die vertraglichen Einzelheiten mit dem Örtlichen Veranstalter auszuhandeln,
- dem Örtlichen Veranstalter die Verträge und das vor Ort benötigte Promotionmaterial zu schicken,

- dafür zu sorgen, daß dieser die Verträge rechtzeitig vor dem Konzerttermin unterschrieben zurückschickt und natürlich die Band frühzeitig über alle organisatorischen und finanziellen Einzelheiten der Show zu informieren,
- sie auf eventuelle Schwierigkeiten oder Besonderheiten vor Ort vorzubereiten.

Im Lauf der Jahre sind wir in unserer Firma immer mehr zu der Überzeugung gekommen, daß der Agent weit mehr leisten muß, als sein Job im klassischen Sinn verlangt, wenn seine Arbeit sinnvoll und effektiv für die Karriere seiner Künstler und damit natürlich auch für ihn sein soll:

Da wir mit vielen Bands zusammenzuarbeiten beginnen, wenn sich ihre Karriere noch in relativ frühem Stadium des Aufbaus befindet, 'durften' wir oft erleben, daß in Orten, in denen die Band noch unbekannt ist, wenig bis sehr wenig Zuschauer kommen. Bei Konzerten ist's inzwischen wie sprichwörtlich beim Essen: 'Was der Bauer nicht kennt, das frißt er nicht', soll heißen: Es gehen kaum noch Leute in Konzerte von Bands, die sie nicht aus den Printmedien oder/und von Platten bzw. aus dem Radio her kennen. Da es weder für die Band noch für die Agentur viel Sinn macht, ständig Konzerte vor null bis dreißig Zuschauern zu spielen, und die Örtlichen Veranstalter aus den verschiedensten Gründen oft nicht intensiv genug Werbung für das Konzert einer Band machen, sind wir dazu übergegangen, die Örtlichen Veranstalter in der Promotion (Werbung) für die Konzerte unserer Bands aktiv zu unterstützen, d.h. wir übernehmen einen Teil der örtlichen Promotion oder machen sie teilweise sogar komplett selbst.

Agenturen sollten über reines Booking hinaus auch Promotion machen, um die (Live-) Karrieren ihrer Künstler zu fördern.

Im Einzelfall heißt das: Wenn wir eine Show gebucht haben, sprechen wir sehr konkret mit dem Örtlichen Veranstalter ab, wer welchen Teil der Promotion übernimmt. Gerade bei relativ unerfahrenen und/oder unprofessionellen Örtlichen Veranstaltern ist das sehr wichtig. Oft mangelt es den Örtlichen schlicht an Erfahrung oder Kontakten, so daß dann wir die ortsansässigen Printmedien angehen, mit Material der Band bemustern, Ticket- oder T-Shirt-Verlosungen anbieten, um redaktionell ausführlicher bedacht zu werden, telefonisch nachhaken und teilweise auch selbst Anzeigen schalten, um das Konzert möglichst intensiv zu bewerben. Das gleiche machen wir mit Radio- und Fernsehsendern der jeweiligen

Region. Was wir natürlich nicht leisten können, ist, selbst zu plakatieren, denn wir können unmöglich jemanden aus unserer Firma zum Plakatekleben nach München schicken. In diesem Punkt müssen wir uns dann schon auf die gute Arbeit der Örtlichen Veranstalter verlassen, bieten ihnen aber an, ihnen zusätzlich zu den Postern auf unsere Kosten Flyer (Handzettel) herzustellen, die oft ein viel werbe-intensiveres Medium sind als Poster.

Im Lauf der Zeit ist dieser Bereich unserer Arbeit so umfangreich geworden, daß wir inzwischen sagen, daß unsere Arbeit eigentlich erst dann anfängt, wenn wir eine Show gebucht haben. Diese Auffassung vom Job eines Agenten bedeutet zwar erhebliche Mehrarbeit, und uns entstehen dadurch wesentlich höhere Kosten, aber längerfristig zahlt sich nach unserer Meinung und der unserer Bands dieser Einsatz aus, weil wir dadurch die Zuschauerzahlen bei den Konzerten unserer Bands und damit auch ihre und unsere Einnahmemöglichkeiten vervielfachen können.

2.4 Tourneeveranstalter

Veranstaltet Tourneen für eine Band, d.h. er bucht eine Tournee und organisiert deren gesamten Ablauf. Im einzelnen heißt das: Er macht den oben beschriebenen Job des Agenten, zusätzlich bucht er die Hotels und/oder mietet geeignete Nightliner (Reisebus mit Schlafmöglichkeiten für 8-15 Personen), er engagiert eine geeignete Ton- und Lichtfirma gemäß den Anforderungen der Band und den Hallengrößen, er engagiert, meist auch nach Absprache mit der Band, das Tour-Personal wie Ton- und Lichttechniker, Roadies, sonstige Techniker, Tourmanager, Fahrer, Merchandiser, eventuell Caterer (Leute, die mitreisen, um unterwegs alle zu verpflegen) mietet die Reisefahrzeuge und stellt der Band auf eigene Kosten dies alles zur Verfügung, zahlt den Musikern eine zu vereinbarende Garantie pro Show bzw. für die ganze Tour, streicht aber den Großteil aller möglichen Gewinne ein, die eine Tour einspielt. Vorteil für die Musiker: Sie haben kein finanzielles Risiko und gesicherte Einnahmen. Nachteil: Wenn die Tour richtig prima läuft, hätten sie bei einem Agentur-Deal mehr verdienen können, da der Tourneeveranstalter sich das gesamte finanzielle Risiko einer Tour natürlich bezahlen läßt.

Beide Rollen haben naturgemäß Vor- und Nachteile sowohl für die Künstler als auch für den Agenten bzw. den Tourveranstalter: Der

Agent muß nicht größere Summen Geldes vorlegen und kann, wenn eine Tour Verluste einfährt, nicht mehr Verlust machen, als daß eben sein prozentualer Gewinnanteil sehr gering bzw. nicht vorhanden ist. Er muß nicht für die gesamten Verluste der Tour geradestehen. Dies ist also eine geeignete Arbeitsform für Leute, die noch nicht viel Eigenkapital haben, weil das finanzielle Risiko relativ gering und besser kalkulierbar ist. Der Nachteil liegt natürlich auf der Hand. Läuft die Tour sehr gut, sind die Gewinnchancen für den Tourneeveranstalter ungleich höher, als wenn er nur eine prozentuale Beteiligung bekäme. In dem Fall zahlt sich unternehmerisches Risiko dann aus. (Aber wer weiß schon vorher, ob eine Tour gut bis sehr gut oder eben schlecht besucht werden wird?).

2.5 Gastspiel- oder Konzertdirektion

Sie arbeitet meistens nicht Künstler-orientiert, d.h. an den individuellen Bedürfnissen 'ihrer' Bands entlang, sondern sie arbeitet Kunden-orientiert. Ein Kunde, d.h. eine Firma, ein Verein oder sonst jemand, der eine Veranstaltung machen will, kontaktet die Gastspieldirektion und bittet darum, für einen bestimmten Termin ein Veranstaltungsprogramm auf die Beine zu stellen, das z.B. von 20:00 h bis 2:00 h nachts dauern soll. Für die gesamte Veranstaltung stellt der Kunde ein Gesamt-Budget in Aussicht, wovon alle Künstler, die Gastspieldirektion und ggfs. auch noch andere Dinge wie Raumdekoration und ähnliches bezahlt werden müssen. Es geht dem Kunden in der Regel weniger um eine konkrete Band als um eine abendfüllende Veranstaltung, in der z.B. Show-Elemente, ein Solo-Künstler aus dem Oldie-Genre, ein Animateur, ein Zauberkünstler und eine Tanz-Band enthalten sein sollen. Die Gastspieldirektion hat Kontakt zu vielen Künstlern und Bands und stellt aus diesem Reservoir einen oder mehrere Vorschläge zusammen, nachdem sie bei den Künstlern angefragt hat, ob der Termin frei ist und zu welchen Konditionen die Künstler auftreten. Werden sich Kunde und Gastspieldirektion einig, werden in einem Vertrag zwischen Gastspieldirektion und Kunden die Konditionen festgehalten, unter denen die Veranstaltung stattfinden soll. Das Gesamtbudget, das die Gastspieldirektion vom Kunden bezahlt bekommt, ist in diesem Vertrag enthalten, der genaue Verlaufsplan, die Künstler sind namentlich genannt und alle Rechte und Pflichten beider Vertragspartner sind ausgeführt. Die Gastspieldirektion wiederum macht dann Verträge mit den Künstlern, d.h., sie 'kauft' die Künstler für den besagten Termin ein, wobei sie natürlich versuchen wird, die Künstler möglichst preisgünstig einzukaufen, um die eigene Gewinnspanne zu erhöhen. Den Künstlern gegenüber ist die Gastspieldirektion praktisch der Veranstalter, und für den Kunden ist es auch die Gastspieldirektion, die verantwortlicher Vertragspartner ist. Wenn also z.B. einer der Künstler zur Veranstaltung nicht erscheint, ohne (im juristischen Sinn) triftige Gründe dafür zu haben, muß der Kunde die Gastspieldirektion und diese dann den Künstler verklagen, wenn es denn bis zum Rechtsstreit kommt. Und wenn der Kunde der Gastspieldirektion das vereinbarte Honorar nicht bezahlt, interessiert das die Künstler wenig, denn sie haben ihr Geld von der Gastspieldirektion zu bekommen. Rein juristisch gibt es keine Verbindung zwischen dem Kunden und dem Künstler.

2.6 Örtlicher Veranstalter:

Den Örtlichen Veranstalter gibt es nicht, denn Konzerte werden von völlig verschiedenen Personen, Firmen und Institutionen durchgeführt.

Professionelle Örtliche Veranstalter

Da sind zum einen die **professionellen Örtlichen Veranstalter**, die ihr Geld damit verdienen, verschiedene, auf die jeweilige Band zugeschnittene Clubs, Hallen bzw. Open Air-Gelände in ihrer Region zu mieten, die gesamte Organisation und Promotion vor Ort zu machen, Bands einzukaufen und an dem möglichen Überschuß der Veranstaltung beteiligt zu sein. Für diese Örtlichen Veranstalter rechnet sich ein solches Kostenrisiko, das nicht unerheblich ist, eigentlich erst dann, wenn die entsprechende Band mit an Sicherheit grenzender Wahrscheinlichkeit das Venue gut bis sehr gut mit zahlenden Zuschauern füllt. Newcomer-Bands, deren Zuschauerzahlen extrem unberechenbar und leider meistens eher niedrig sind, haben selten die Chance, mit diesen Örtlichen Veranstaltern zusammenzukommen.

Clubs und kleinere Hallen

Dann gibt es viele **Clubs und einige kleinere Hallen**, die einen eigenen Booker beschäftigen, der speziell für dieses eine Venue den Job des Örtlichen Veranstalters macht. Meistens sind die Booker fest vom Besitzer des Clubs angestellt und gestalten mehr oder weniger eigenständig das gesamte Musikprogramm des Venue, verhandeln mit den Bands bzw. deren Agenturen die Vertragskonditionen und kümmern sich um die Abwicklung der Show am Tag des Konzerts. Hier gibt es professionell und weniger professionell arbeitende Booker, was sicher auch von ihrer Routine und ihrer Gewissenhaftigkeit abhängt. Vorteil solcher Konstellationen: Da das Venue dem Örtlichen Veranstalter selbst gehört, entfällt in der Regel mit dem Wegfall der Raummiete ein wesentlicher Kostenfaktor. Die Clubs müssen zwar auch scharf kalkulieren, auch an ihnen ziehen wirtschaftlich schlechtere Zeiten nicht spurlos vorüber, und sie müssen kaufmännisch rechnen, um ihren Betrieb am Laufen halten zu können, aber sie haben einfach nicht so hohe Kosten wie die erstgenannte Kategorie von Veranstaltern.

Jugendzentren sind grundsätzlich in mindestens zwei Kategorien zu unterteilen: In die, die sich selbst tragen müssen, und in die mit öffentlichen Geldern geförderten. Erstere müssen wie die Clubs bei ihren Kalkulationen unbedingt darauf achten, daß ihre Musikveranstaltungen alle Kosten (und möglichst noch Gewinne) einspielen, andere haben Jahres-Etats zur Verfügung, die sie für Veranstaltungen ausgeben können, ohne daß sie wirtschaftlich kalkulieren müssen. Es liegt auf der Hand, daß die Jugendzentren, die über Förderungs-Gelder verfügen, meistens bessere Gagen zahlen können, als die, deren Veranstaltungen sich selbst tragen müssen.

Jugendzentren

Stadtverwaltungen, Kulturämter, Jugendämter usw. machen Veranstaltungen unterschiedlicher Art vom Stadtfest bis hin zu regelmäßigen Veranstaltungen. Hier kann man in der Regel ausschließlich Festgagen aushandeln; da die Honorare aus Kultur-Etats o.ä. bezahlt werden, ist es buchhalterisch für Öffentliche Institutionen nicht möglich, die Produktionskosten über eine Beteiligung des Tourveranstalters/der Band an den Eintrittseinnahmen zu bestreiten. In der Professionalität der Abwicklung dieser Shows sowie in der Art der Veranstaltungen gibt es große Unterschiede. Manche Stadtfeste werden z.B. von Leuten organisiert, die eigentlich den ganzen Rest des Jahres über völlig andere Jobs machen, und die dann 'mal eben' noch nebenbei das Stadtfest organisieren sollen. Daß diese Leute oft hoffnungslos überfordert sind, einfach zeitlich, weil sie ihre sonstigen Arbeiten ja auch weiter erledigen müssen, und natürlich auch auf der inhaltlichen Ebene, weil der Job eines Veranstalters sonst über-

Stadtverwaltungen, Kulturämter, Jugendämter

haupt nicht zu ihren Aufgaben gehört, liegt auf der Hand und wirkt sich oft nachteilig auf das Programmkonzept und die Organisation der Veranstaltung aus.

Dieser inhaltlichen und zeitlichen Überforderung begegnen einige städtische Veranstalter inzwischen klugerweise dadurch, daß sie die Vorbereitung, Organisation und Durchführung ihrer Feste Profis wie Agenturen oder professionellen Örtlichen Veranstaltern übertragen. Das Geld, das diese Profis kosten, wird in der Regel leicht an anderen Punkten wieder eingespart, weil Veranstaltungs-Profis durch ihre Erfahrung, Routine und durch ihre guten Geschäftskontakte das zur Verfügung stehende Veranstaltungs-Budget sehr viel effektiver ausschöpfen können. Im Ergebnis kommt dann eine professionell organisierte und durchgeführte Veranstaltung mit einem runden, stimmigen Programm zustande, die nicht teurer ist, als ohne Einschaltung der Profis, die aber für alle Beteiligten weniger Streß bedeutet und beim Publikum wahrscheinlich eine größere Akzeptanz findet, was der Imageförderung, wegen der solche Veranstaltungen meistens durchgeführt werden, sicher dienlich ist.

Dies gilt auch für Veranstaltungen, die politische Parteien oder ähnliche Organisationen durchführen. In Wahlkampfzeiten z.B. machen viele Parteien Kulturveranstaltungen, zu denen z.T. auch Bands zu akzeptablen Bedingungen engagiert werden.

Unis und Fachhochschulen

Unis und Fachhochschulen, bzw. die Kulturreferate des jeweiligen AStAs machen auch Parties, in der Regel mindestens zweimal jährlich zum Semester-Anfang bzw. -Ende. Wenn Eure Musik irgendwie auf solche Parties paßt, wobei der Musikstil wirklich von Uni zu Uni wechselt, sind solche Fêten beste Gelegenheiten, aufzutreten, weil Ihr einfach sehr streßfrei viele, viele Zuschauer erreicht, die nicht extra wegen Euch kommen müssen, sondern sowieso auf der Fête sind. Atmosphärisch läuft das Ganze auch meistens sehr entspannt ab, Catering gibt's an den vielen verschiedenen Ständen, an denen die Studenten Essen verkaufen, und die AStA-Leute sind in der Regel recht fit, was einen reibungslosen Ablauf angeht. Allerdings gibt's bei solchen Anlässen selten superhohe Gagen, weil die ASten natürlich niedrige Eintrittspreise nehmen - Studis haben ja chronisch wenig Geld - und ihre Parties in der Regel auch keine Verluste einfahren dürfen. Dennoch, wann immer sich die Gelegenheit bietet, auf einer Uni-/ FHS-Party zu spielen: Machen!

Und dann gibt es noch eine große Anzahl von **Amateur-Veranstaltern**, die z.B. einmal jährlich ehrenamtlich ein Festival veranstalten, oder einmalige Aktionen starten, um z.B. eine Benefiz-Veranstaltung für was oder wen auch immer durchzuführen. Bei Amateur-Veranstaltern sollte man darauf gefaßt sein, daß man ihnen eventuell einiges erklären muß, was die professionelle Vorbereitung und Abwicklung einer Veranstaltung angeht, daß man eventuell auch mehr selbst leisten muß als bei von Profis durchgeführten Konzerten, um ein möglichst gut promotetes und reibungslos laufendes Konzert gewährleisten zu können.

Ein paar Worte noch zu **Veranstaltern von Benefiz-Konzerten bzw. -Festivals**: Benefiz-Veranstaltungen sind solche, deren Reinerlös irgendeinem wohltätigen Zweck zugeführt werden soll. Ich finde es prinzipiell erst mal eine prima Sache, wenn sich Leute für andere engagieren und Dinge in Bewegung setzen, Energie und Zeit investieren, um anderen zu helfen.

Allerdings gibt es ein riesiges Spektrum, sowohl, was die Art des 'Guten Zwecks' angeht, als auch, was die Methoden angeht, die Absicht zu helfen, in die Tat umzusetzen. Es reicht auch hier vom sehr professionellen, engagierten und versierten Veranstalter über den Amateur bis hin zu, ich sag mal, ausgekochten Schlitzohren, die einfach auf die ganz dummdreiste Tour versuchen, sich's eigene Täschchen vollspielen zu lassen. Die letztgenannten Exemplare der Spezies 'Benefiz-Veranstalter' sind wohl recht selten, aber es ist gut zu wissen, daß man nicht gleich seinen Heiligenschein hervorkramen und sich mit allem einverstanden erklären sollte, sowie man das Stichwort 'Guter Zweck' bei einer Konzertanfrage vernimmt.

Leider gehen viele Benefiz-Veranstalter wie selbstverständlich davon aus, daß Künstler gern bereit sind, zumindest auf einen Großteil ihrer Gage zu verzichten, wenn die Erlöse der Veranstaltung einem guten Zweck zufließen. Abgesehen davon, daß die Anzahl 'Guter Zwecke' anscheinend ins Unendliche geht, so daß wir, würden wir jedes angefragte Benefiz-Konzert zusagen, all unsere Bands an 365 Tagen im Jahr honorarfrei irgendwo auftreten lassen könnten, frage ich mich, warum immer die Künstler, und meistens nur sie, ihr Honorar als Spende zur Verfügung stellen sollen. Sehr oft ist es so, daß alle sonst an der Veranstaltung Beteiligten (Technikfirmen, Sicherheitskräfte, Organisatoren, Bühnenbauer, Toilettenwagen-

Vermieter, ...) ganz selbstverständlich ihr Honorar bekommen ('Wer arbeitet schon umsonst?!'), daß aber die Künstler, genauso selbstverständlich, gebeten werden, auf ihr Honorar zu verzichten. Woran das liegt, ist mir absolut nicht klar. Ist's tatsächlich so, daß die Arbeit eines Künstlers gesellschaftlich immer noch nicht als 'richtige Arbeit' anerkannt ist? Nach dem Motto: "Ach, Euch macht doch das Spielen Spaß, dafür müßt Ihr doch nicht unbedingt auch noch Geld bekommen?" Ist der Künstler immer noch das letzte Glied in der Kette, der erst dann Geld für seine Leistung bekommt, wenn wirklich alle anderen bedacht sind? Oder woran liegt's sonst?

Schon aus rein logischen Gesichtspunkten müßte es meiner Ansicht nach eigentlich genau andersherum laufen: Wenn Leute sich für andere engagieren wollen und deshalb eine Benefizveranstaltung aufziehen, sollten sie ihre Man-Power nahezu kostenfrei zur Verfügung stellen, und diejenigen, die ihnen bzw. der guten Sache all die zahlenden Zuschauer bringen, fürstlich entlohnen. Denn, mal ehrlich: Weshalb kommen denn die Gäste und zahlen Eintritt? Doch nicht, weil sie alle Pfadfindernadeln sammeln und durch ihr Erscheinen ein gutes Werk tun wollen, sondern um die Band(s) zu sehen (Klar, ist's prima, wenn man mit seinem Eintrittsgeld nebenbei noch einen guten Zweck unterstützt, aber das ist ganz sicher für die allermeisten Zuschauer nur ein angenehmer Nebeneffekt). Spielte(n) die Band(s) also nicht, gäbe es keine zahlenden Zuschauer, ergo auch keine Reinerlöse, die übrig blieben. - Das soll nicht heißen, daß die Arbeit all der Nicht-Musiker für eine Benefiz-Veranstaltung weniger wert ist als die der Musiker, aber mehr doch sicher auch nicht, oder? Wirklich professionelle Veranstalter ziehen eine Benefiz-Veranstaltung so auf, daß alle Beteiligten, also auch die Künstler, finanziell nicht in die Röhre gucken müssen und trotzdem noch Geld zu Spendenzwecken übrig bleibt. Und ich sag's Euch: Das zu schaffen, ist alles andere als einfach!

2.7 Discjockeys in Clubs und Diskotheken

DJs werden für Euch interessant, wenn Ihr eigene Tonträger habt. Dann werden sie aber auch in Bezug auf den Live-Bereich wichtig: Discjockeys sind ja meistens musikalisch am Puls der Zeit, d.h. durch sie gibt es die Möglichkeit, Eure Songs in der Disco zahlreichen Leuten zu Gehör zu bringen, indem sie Eure Songs einsetzen, um die

Leute zum Tanzen zu bringen. Das kann einen guten Multiplikatoren-Effekt bringen. Viele lernen Eure Musik auf diesem Weg überhaupt erst kennen, manche empfinden Songs beim Tanzen auch einfach intensiver, und sie bekommen über den Einsatz in der Disco einen stärkeren Zugang zu Eurer Musik.

Außerdem sind die Berichte von Discjockeys ein sehr wichtiger Erfolgsindikator für einen Song: Im Gegensatz zu Radioredakteuren haben DJs eine direkte Rückmeldung durch Ihr Publikum, wie ein Song gefällt: Zum einen ist die Tatsache, ob die Tanzfläche voll oder leer ist, ein deutlicher Indikator, zum anderen nehmen DJs ja auch Publikumswünsche an. DJs unterhalten sich mit ihren Gästen, was Radioredakteure in den seltensten Fällen tun können.

2.8 Road-Manager

Wenn eine Tour vorbereitet worden ist und es dann tatsächlich losgeht, beginnt der Job des Tour-Managers. In der Regel wird er von der Agentur bzw. dem Tourveranstalter nach Absprache mit der Band engagiert und bezahlt und ist unterwegs schlicht der Vertreter des Tourveranstalters, der die Tournee ja nicht selbst mitfährt. Er ist unterwegs für alles Organisatorische zuständig, sorgt dafür, daß alle an der Tournee Beteiligten und alles, was gebraucht wird, pünktlich am richtigen Ort sind, ist Ansprechpartner und im Auftrag der Agentur bzw. des Tourveranstalters Abrechnungspartner des Örtlichen Veranstalters, checkt alle im Hotel ein und aus und hat oft auch eine wichtige psychologische Funktion für die Musiker und ihre Crew: Dadurch, daß er sich von Handtüchern auf der Bühne, rechtzeitigem Essen für alle bis hin zum morgendlichen Weckruf im Hotel um alles kümmert, werden die anderen stark entlastet und können ungestört ihren eigentlichen Aufgaben nachgehen. Er koordiniert die Zusammenarbeit zwischen Örtlichem Veranstalter, Crew und Band und ist darüber hinaus oft auch einfach persönlicher Ansprechpartner für jeden, der einfach mal schnacken will. Einen Tour-Manager zu haben, ist also für alle eine feine Sache, kommt allerdings bei kleineren Produktionen oft aus Kostengründen nicht in Frage: Zum einen bekommen Tour-Manager natürlich ein Honorar, zum anderen verursachen sie über dieses Honorar hinaus unterwegs Kosten: Sie brauchen, wie alle anderen auch, ein Hotelzimmer, Essen und Getränke und einen Platz in einem der Tour-Fahrzeuge.

2.9 Technischer Leiter

Er ist unterwegs der Koordinator für alles Technische. Er weist die gesamte technische Crew an, ist der direkte Ansprechpartner einerseits für den Tour-Manager, andererseits für die vom Örtlichen Veranstalter gestellten Techniker und Helfer. Er weiß, welches Teil des Equipments wohin auf die Bühne muß, sorgt dafür, daß alle Techniker und Helfer jeweils rechtzeitig auf bzw. wieder von der Bühne herunter sind und wirkt im Vorfeld der Tournee oft bei der Auswahl der Anlagen und Techniker mit.

2.10 FOH (Front Of House, Mixer am Frontpult)

Er mixt den Sound, der aus der PA (abgeleitet von Public Adress) kommt, das sind die Boxen, deren Sound das Publikum hört, er mixt bestimmte Effekte (Hall, Echo...) mit in den Sound, stimmt die Lautstärke der einzelnen Instrumente zueinander ab, sorgt dafür, daß es keine ungewollten Feedbacks (das sind die üblen Fiepser, die durch Übersteuerung entstehen) gibt, nimmt ggfs. Einspielungen vom Cassettenrecorder aus vor und erwirkt beim Soundcheck (Ausprobieren des Sounds vor der Show, wenn noch kein Publikum da ist), daß die Musiker auf der Bühne ihre Instrumente nicht zu leise (das kommt allerdings so gut wie nie vor) oder zu laut (das ist bei den meisten noch nicht so erfahrenen Bands oder bei ausgeprägten Egomanen unter den Musikern der Fall) einstellen. Die Arbeit des FOH ist sehr wichtig und wird oft unterschätzt. Ihr könnt ein noch so gutes Konzert spielen, wenn der Sound schlecht ist, wird das Publikum meinen, die Band ist schlecht. Umgekehrt hören nur sehr wenige aus dem Publikum einige kleine Verspieler; wenn der Sound richtig Klasse ist, werden die Leute Euch richtig gut finden, auch wenn das Konzert Eurer eigenen Meinung nach eher zu Euren schlechteren Auftritten gehört. Für eine Band ist es meiner Erfahrung nach wichtig, so früh wie möglich einen eigener Mixer mit auf Tour zu haben, weil er den Bühnenaufbau genau kennt, Songs und Sounds der Band kennt, Solo-Einsätze weiß usw.

2.11 Monitormixer

Mischt den Sound der Boxen, die auf der Bühne stehen und die dazu da sind, daß die einzelnen Musiker sich selbst und ihre Mitmusiker gut hören können. Beim Monitor-Sound werden in der Regel keine Effekte mit eingemischt, es geht hier nur darum, die Musik selbst zu verstärken, damit sie für die Künstler noch zu hören ist und die Lautstärke der PA auf der Bühne übertönt. Bei kleineren Produktionen (z.B. in Venues, die zu klein sind, um Platz für ein separates Monitor-Mischpult zu bieten), wird der Monitor-Sound oft vom FOH mit gemischt. Dann sind einige Kanäle am Frontmischpult mit dem Sound der Monitorboxen belegt. Das ist bei größeren Produktionen kaum noch machbar, weil der Monitor-Sound natürlich am besten von der Bühne aus gehört und gesteuert werden kann, schon, weil die Musiker sich dann besser mit dem Monitor-Mixer verständigen können, wenn sie Korrekturen am Monitor-Sound benötigen.

2.12 Lichtmixer

Das Auge ißt mit, auch bei Konzerten. Mit einer tollen Lightshow kann man beim Publikum ungeheuer viel erzeugen; viele emotionale, auch unbewußte Reaktionen werden über das Licht beim Publikum hervorgerufen. Nicht selten rettet eine sehr gute Lightshow den Erfolg eines ansonsten mäßigen Konzerts beim Publikum. Im Zeitalter der Computer werden auch die meisten Lightshows computergesteuert, d.h. die Licht-Ingenieure programmieren viele verschiedene Lichtbilder und -Effekte nach Lichtproben mit der Band in ihre Rechner ein, die sie dann mit wenigen Knopfdrücken abrufen können. Ein guter Lichtmixer muß sehr musikalisch sein, denn Lichtwechsel werden meistens bei Breaks in einem Song vorgenommen, die der Lichtmixer vorausahnen muß, um genau auf den Punkt arbeiten zu können. Verpatzte Lichtwechsel fallen oft auch dem Publikum deutlich auf und beeinträchtigen die Faszination. Light-Engineering ist ein Beruf, der viel Kreativität voraussetzt. Gute Lichtmixer sind selbst Künstler, denn sie übersetzen die Stimmung, die durch die akustisch dargebrachte Musik ausgelöst wird, auf die visuelle Ebene. Größere Produktionen werden natürlich mit mehreren Licht-Technikern und deren Zuarbeitern gefahren.

2.13 Roadies, auch Backliner genannt:

Bei kleineren Tourproduktionen der Mann für alles Technische, d.h. er baut mit den Örtlichen Helfern zusammen die Backline (Eure Instrumente, Verstärker usw.) auf und ab, stimmt ggfs. die Instrumente, paßt auf, daß beim Auf- und Abbau nichts verloren oder kaputt geht, überwacht das Ein- und Ausladen, ist oft gleichzeitig noch Fahrer und/oder Mixer am Front-, Monitor- oder Lichtpult. Bei größeren Produktionen gibt es mehrere Backliner, bis hin zu einem pro Instrument und einigen weiteren für sonstige Aufgaben (z.B. Schlagzeug-Backliner, Gitarren-Backliner, jemand, der den Follow-Spot (Verfolger-Scheinwerfer) während des Konzerts bedient...)

2.14 Hands (Helfer, Hamper, Stage-Hands):

Kräftige Leute, die vom Örtlichen Veranstalter engagiert werden, um beim Aus- und Einladen anzupacken, um das Equipment auf der Bühne auszupacken, zu positionieren und hinterher wieder einzupacken und zu verladen. Es gibt viele gute, professionelle Hands, die Routine in ihrem Job haben und mit denen das Aus- und Einladen richtig fix geht, weil jeder weiß, was er zu tun hat. Leider unterschätzen scheinbar einige Örtliche Veranstalter die Wichtigkeit routinierter gewissenhafter Helfer, so daß man vor Ort dann doch öfter mit Laien konfrontiert wird, die teilweise nicht kräftig genug sind, das schwere Zeugs zu schleppen, teilweise nicht wissen, wie unhandliche große Cases zu transportieren sind, oder für die ein Helfer-Job bei einem Konzert eher Party-Charakter hat, wodurch sie spätestens beim Abbau entweder bereits nach Hause gegangen oder so sternhagelvoll sind, daß sie wirklich keine große Hilfe mehr darstellen. Es ist tatsächlich auch schon vorgekommen, daß Örtliche Veranstalter ihre elfjährigen Neffen als Helfer rekrutiert haben, die sich 'über ein zusätzliches Taschengeld freuen'. Unerfahrene Hands sind nicht nur ärgerlich und zeitraubend, sie stellen auch eine echte Gefahr für Mensch und Material dar: Bei einer Konzertproduktion muß alles schnell gehen, einer muß sich auf den anderen verlassen können, eigentlich muß jeder Handgriff sitzen. Wie viele Unfälle mit z.T. schweren Verletzungen gab es schon, wieviel Equipment ist schon zu Bruch gegangen, weil die Helfer unerfahren, betrunken oder einfach nicht kräftig genug waren!

2.15 Securities (Ordner)

Immer noch fast ausschließlich männliche Sicherheitskräfte, die vom Örtlichen Veranstalter eingesetzt werden, um zu verhindern, daß

Zuschauer ins Venue kommen, ohne eine gültige Eintrittskarte zu haben, um die Zuschauer von Konzerten auf nicht erlaubte mitgebrachte Gegenstände (Kameras, Bandrecorder, Waffen, Flaschen, pyrotechnische Gegenstände...) zu untersuchen und die Gegenstände ggfs. einzusammeln, um vor der Bühne dafür zu sorgen, daß die Zuschauer einander nicht verletzen bzw. die Bühne erklettern, es sei denn, Stage Diving ist erlaubt, und um verschiedene Anlagen (Mischpult, Bühne, Garderobe...) zu Zwecken der Diebstahlsverhinderung zu bewachen. Es gibt extrem unterschiedliche Arbeitsauffassungen bei den einzelnen Ordnern: Während viele versuchen, ihren Job, der sie beim Publikum nicht gerade beliebt macht, bestimmt aber freundlich zu erledigen, gibt es einige gar rauhe Gesellen auch unter Konzert-Securities, die teilweise ziemlich unsanft und barsch mit den Gästen umgehen. Vielleicht rührt dies daher, daß viele der Security-Kräfte bei Konzerten sonst in Diskotheken arbeiten, wo anscheinend tatsächlich ein rauherer Ton nötig ist, um sich gegen randalierende Gäste durchzusetzen. Aber wieso manche Ordner (immerhin zahlende!) Konzert-Gäste buchstäblich an den Haaren über ein 1,10 m hohes Gitter ziehen müssen, nur, weil diese vor der Bühne Pogo tanzen, wird sich mir wohl nie erschließen.

2.16 Merchandiser:

Es gibt grundsätzlich zwei verschiedene Arten von Merchandisern: Den, der von der Band dafür bezahlt wird (meistens per prozentualem Anteil am Verkaufs-Umsatz), daß er im Auftrag der Band ihre Merchandising-Artikel verkauft und den, der dies ganz oder teilweise auf eigene Rechnung tut, weil er die Rechte am Merchandising ganz oder zum Teil hat. So oder so ist er verantwortlich dafür, daß von allen Merchandising-Artikeln genügende Stückzahlen vorhanden sind (und auch zu den Shows mitgenommen werden), er baut vor Ort den Merchandising-Stand auf und ab, verkauft die Artikel und rechnet ggfs. mit der Band ab. (Ausführlicher hierzu s. Kapitel über Merchandising, S. 139 ff.).

Werbematerial 3

Bevor Ihr irgendwelches Promotion-Material herstellt, solltet Ihr Euch gründlich (!) Gedanken über wichtige Grundsätzlichkeiten machen. Wenn Ihr einfach mit irgendwas anfangt, paßt das Ergebnis dann vielleicht nicht mehr ins spätere Gesamtkonzept, und Ihr ärgert Euch über die Verschleuderung von Zeit, Geld und Energie.

Unterschätzt nicht die Schwierigkeit, ein gutes Promotion-Konzept zu entwickeln. Nehmt Euch dafür viel Zeit, schaltet Freunde, Bekannte und Fans ein und wen immer Ihr an Profis aus der Werbebranche im Bekanntenkreis habt: Versucht, alle zu involvieren. Entwerft und schmeißt wieder über den Haufen. Gebt nix in Druck, was nicht inhaltlich und auf die Form hin von mehreren Außenstehenden geprüft wurde. Entwickelt zu allem (vom Band-Logo über den Infotext, den Fotos und die Reihenfolge der Songs auf dem Demo) mehrere Alternativen und laßt verschiedene Bekannte jeweils entscheiden, was ihnen am besten gefällt. Nehmt dann das, was die größte Zustimmung bei den meisten *anderen* gefunden hat, auch wenn's vielleicht nicht Euer persönlicher Favorit ist. Schließlich entwickelt Ihr Euer Promotion-Material für andere, nicht für Euch selbst. Gerade, wenn man sich mit einer Sache gründlich befaßt, hat man oft nicht mehr genügend Distanz zu ihr, um noch beurteilen zu können, was witzig, griffig, zutreffend, originell, übersichtlich oder was auch immer ist.

Arbeitet zunächst einmal heraus: **Was macht Ihr eigentlich für Musik?** Überlegt Euch im voraus gute Antworten auf Fragen, die Ihr mit Sicherheit von Veranstaltern, Journalisten, Fans... gestellt bekommen werdet. Denkt bei allem, was Ihr entwerft, Adressaten-bezogen, soll heißen: Holt Eure zukünftigen Geschäftspartner schon im Vorfeld dort ab, wo sie sind, überlegt Euch, was für sie von Interesse ist, findet darauf Antworten und verpackt diese Antworten witzig, originell, neugierig machend.

Wir bekommen ja auch oft Anrufe von Bands, die eine Agentur oder einen Verlag suchen. Das klassische Gespräch läuft dann leider oft so ab:

> **Gesamtkonzept entwickeln, bevor einzelne Werbematerialien hergestellt werden.**

> **Was macht ihr für Musik?!!**

Das "klassische" Vorstellungsgespräch einer Band...	*"Hallo, hier ist nuschel, murmel, brummel (Name unverständlich). Wir suchen eine Agentur." "Aha, von welcher Band bist Du denn?" "Ach so ja, wir heißen soundso"* (Bandname leider auch meistens unverständlich, einfach, weil man zu neuen, unbekannten Lautverbindungen noch keine Assoziationen hat. Für den Hörer neue Worte müssen ganz besonders d-e-u-t-l-i-c-h gesprochen werden, weil das Gehirn des Zuhörers die durch Undeutlichkeit entstandenen Lücken nicht aus dem Gedächtnis auffüllen kann). *Ich gebe mich damit zufrieden, daß ich den Namen so ungefähr verstanden habe, kenne eventuell die Band tatsächlich nicht und frage natürlich als nächstes sofort..., na, was werde ich wohl fragen. Genau: "Was für Musik macht Ihr denn?" "Tja, also, das iss so, hmm, schwer zu beschreiben, also, ich würd' mal sagen, so Gitarrenrockmäßig, aber auch nicht richtig. Also eigentlich passen wir in keine Schublade."*
...und so wirkt es auf den Hörer.	Suuuper. Jetzt kann ich mir gleich viel besser die musikalische Richtung dieser hoffnungsfrohen Newcomer-Band vorstellen. Will sagen: Ich bin, was die Musik der Band angeht, genauso schlau wie vorher. Eins weiß ich jetzt aber mit Sicherheit: Diese Band muß noch so frisch am Markt sein, daß sie noch nicht mal den Ansatz eines eigenen Promotion-Konzepts stehen hat. Und schon jetzt ist mein professionelles Interesse gedämpft, ohne daß es überhaupt geweckt wurde. Auch wenn dieses fiktive Gespräch eben etwas überzeichnet dargestellt und ironisch formuliert scheint, verhält es sich in der Praxis tatsächlich oft genau so. Daß die Frage nach der Musikrichtung, egal, von wem auch immer, in Bezug auf eine Band gestellt wird, ist so sicher wie das 'Amen' in der Kirche; wie kann es dann passieren, daß eine Band, noch dazu eine solche, die nach Geschäftspartnern sucht, darauf keine (wohlüberlegte, wohlformulierte!) Antwort weiß?! Ich sag' Euch, wie das passieren kann: Diese Band hat sich, wie leider viele Newcomer, vorab zuwenig Gedanken über ihr Werbematerial (dazu rechne ich jetzt auch mal Selbstdarstellungen in Gesprächen) gemacht.
Was ist das Besondere an Eurer Band?!!	Eine Frage, die Euch selten ausdrücklich gestellt wird, die Ihr aber in jedem Fall auch ungefragt beantworten solltet: Was ist **das Besondere** an Eurer Band/Eurer Musik/Eurer Performance (Bühnenshow)/Eurem Outfit (Aussehen)? Was unterscheidet Euch (positiv!) von den hunderttausend anderen Bands, die scheinbar ganz ähnliche Sachen machen? Warum sollte ein Veranstalter **gerade Euch** engagieren, eine Zeitung gerade mit Euch ein Interview machen,

und warum gerade zu diesem Zeitpunkt...? Diese Frage solltet Ihr den Veranstaltern, Journalisten... schon durch Euer Werbematerial beantworten können, bevor sie sie überhaupt stellen.

Wenn Ihr klar wißt, *was* Ihr den Menschen über Eure Band sagen wollt, beginnt, Euch Gedanken über die Form zu machen: *Wie* teilt Ihr Euch ihnen mit?

Wie könnt Ihr Eure **Besonderheiten zur Geltung** bringen? Der Grat zwischen zuviel Bescheidenheit und zu-dick-Auftragen ist dünn, Ihr müßt im Lauf der Zeit hierfür, wie übrigens für alles in dem doch recht heiklen Musik-Business, Fingerspitzengefühl entwickeln. Man reißt leicht durch falsches Auftreten in wenigen Minuten ein, was man sich vielleicht über lange Zeit durch harte Arbeit an guten Kontakten aufgebaut hat.

Der nächste zu überlegende und umzusetzende Schritt ist dann: Das **'Gesicht'** einer Band sollte passen zu deren Musikstil, zu deren Persönlichkeiten, zu ihrer Ausstrahlung und: Es sollte *ein* Gesicht sein, d.h., nicht ständig wechselnde 'Grund'farben, Schriftzüge, Schreibstile usw. (Wiedererkennungswert). Das stimmige Gesamtbild einer Firma bzw. einer Band nennen die Werbefachleute übrigens **Corporate Identity (CI)**. Ihr solltet Hilfe haben bei der Entwicklung Eurer Corporate Identitiy, auch hier wieder Freunde, Fans, Fachleute etc. hinzuziehen. Die CI ist übrigens kein starres Gebilde, die einmal festgelegt und dann dogmatisch eingehalten wird. Wie eine menschliche Persönlichkeit sich entwickelt und verändert, so wird sich auch Euer Image, Eure Corporate Identity im Laufe Eurer Karriere entwickeln und verändern. Vermeidet nur möglichst komplette Brüche z.B. vom Image einer lieben Soft-Pop-Band, die einige Wochen später dann urplötzlich das knallharte Metal-Image vertritt. Solche radikalen Schritte stiften nur Verwirrung beim Publikum und bringen Euch mit Sicherheit keine Sympathiepunkte ein.

Corporate Identity

Diese Promo-Materialien solltet Ihr auf jeden Fall so früh wie möglich herstellen: *Democassette, Info, Pressefoto(s), Presse-Rezensionen (so früh und so aktuell wie möglich), Plakate.*

3.1 Democassette

Ihr solltet möglichst gute Aufnahmen anbieten, bei denen die Qualität aber immer noch in vernünftigem Verhältnis zum Preis

Qualitativ ordentliche Aufnahmen

steht; ich glaube nicht, daß man im Zeitalter der immer preiswerter werdenden Computer noch jemanden mit Aufnahmen begeistern kann, die mit dem eingebauten Mikro des Walkman aufgenommen wurden. Durch die Entwicklung der Technik werden auch die Hörgewohnheiten andere, Mehrspuraufnahmen sollten's schon sein; dennoch empfinde ich es als übertrieben, sich für ein 48-Spur-Demo lebenslang zu verschulden. Für Veranstalter super ist's natürlich, wenn Ihr über richtig gute Live-Aufnahmen verfügt; der Veranstalter will sich ja einen Eindruck von Euch als Live-Band machen und nicht wissen, wie gut Ihr mit Samplern im Studio umgehen könnt, wenn sich das dann auf der Bühne gar nicht umsetzen läßt. Qualitativ gute Live-Aufnahmen zu machen, ist aber gar nicht so einfach.

Der erste Song muß der "beste" sein

Das Demo-Tape sollte 3-4 Songs enthalten, die das gesamte Spektrum Eurer Musik repräsentieren. Bei der Wahl der Reihenfolge vergeßt alles, was Ihr jemals über Spannungsbögen bei Musikfolgen gelernt habt: Der erste Song sollte unbedingt Euer 'bester' Song sein (und zwar der, den Eure *Fans* am besten finden, nicht unbedingt Ihr selbst. Der Veranstalter ist auf jeden Fall eher in die Reihen möglicher Fans einzuordnen als in die der Bandmitglieder, und für ihn macht Ihr das Demo), weil viele Veranstalter ein Tape nur kurz anspielen; wenn sie's nicht sofort interessant finden, hören sie es sich nicht weiter an.

Bespielt die Cassetten am besten nur einseitig und schickt sie dem Veranstalter zurückgespult zu; wenn Ihr beide Seiten bespielt, sollten die Tapes so geschnitten sein, daß am Ende der ersten Seite nicht noch lange gespult werden muß, um zum Anfang der B-Seite zu kommen. Auch hier gilt: Macht dem Veranstalter den Zugang zu Euch und Eurer Musik so leicht und angenehm wie möglich, um so größer sind Eure Chancen.

Cassetten kann man recht preisgünstig in größeren Mengen, d.h. so von 50 Stück an aufwärts von Kopierwerken in genau geschnittener Länge kopieren lassen; dauert erfahrungsgemäß immer eine Weile bis zur Fertigstellung, daher rechtzeitig bestellen, wenn der Vorrat zur Neige geht.

Cassettenetiketten (Labels): Name der Band und Kontakt-Telefonnummer (leserlich! hübsch!) draufschreiben, weil Hülle und Tape von Veranstaltern oft getrennt aufbewahrt werden, dann ist ohne diese Angaben kein Kontakt mit Euch mehr möglich; für Computerfreaks: Die Dinger gibt's auch als Endlos-Etiketten; sind A- und B-Seite bespielt, sollten auch beide Seiten mit Labels versehen werden, damit jedem klar ist, daß beide Seiten Songs enthalten.

Inlay-Cards, bzw. Hülleneinleger: Name der Gruppe (Schriftzug), Kontaktadresse und Telefon, evtl. Besetzung, Titel oder was Euch sonst enorm wichtig scheint. Es geht auch ohne Inlay-Cards, aber ansprechender sehen die Demo-Tapes natürlich mit schön gestalteter Inlay-Card aus. Bandname auf die schmale Rückseite, Cassetten werden oft senkrecht archiviert, der Veranstalter kann Euer Tape dann müheloser wiederfinden.

3.2 Info

Aufmachung: Text muß gut lesbar sein, Info sollte sauber aussehen (nicht die 5. Kopie irgendwelcher schlecht geklebter Schnipsel), möglichst übersichtlich gestaltet sein, mindestens gute! Kopierqualität haben, bei Fotos auf gute Kopier- oder Druckqualität achten; auch bei der Aufmachung, dem Layout, die Corporate Identity beachten (eine Punkband sollte z.B. aus Imagegründen nicht mit Hochglanzprospekten arbeiten, eine Gala-Band nicht mit kopierten Infos, die sehr 'handgemacht' aussehen). Der Vorteil kopierter Infos gegenüber gedruckten liegt im Kostenaspekt. Damit Gedrucktes preiswerter wird als per Kopien Vervielfältigtes, müssen recht hohe Auflagen hergestellt werden. Der Inhalt eines Infos bedarf relativ häufiger Aktualisierungen wie Adressenänderungen, Ergänzungen neuer wichtiger Marketing-News usw. Habt Ihr dann noch viele der alten Infos, könnt Ihr sie entweder nur wegwerfen oder aufbrauchen, müßt dann allerdings mit den notwendigen Aktualisierungen (zu) lange warten. Der Vorteil gedruckter Infos gegenüber Kopien liegt im qualitativ besseren Druckbild.

Inhalt: Mindestanforderung: Name der Band (Schriftzug), Kontaktadresse, Telefon, Fax.

Kopieren oder drucken?

Außerdem formuliert dreierlei:
1. Einen 5-Zeiler, der Eure Band/Eure Musik, sprich: Das Besondere an Euch messerscharf formuliert. Stellt Euch dabei jemanden vor, der Euch a) überhaupt nicht kennt, b) kein Musikstudium hinter sich hat,

Der Fünf - Zeiler

also musikalischer Laie ist, und den nicht interessiert, daß Ihr 'in Takt fünf des zweiten Songs Triolen' spielt. Er soll nach dem Lesen dieser 5 Zeilen eine Vorstellung davon haben können, was ihn erwartet, wenn er in Euer Konzert geht.

Unterschätzt die Schwierigkeit dessen nicht. Nicht umsonst werden gute Werbetexter mit scheinbar horrenden Honoraren bedacht. Diese fünf Zeilen sollen im Leser Assoziationen auslösen, ihn neugierig machen und ihm ein Bild davon vermitteln, was ihn erwartet. Wenn Ihr Eure Musik z.B. einfach nur als 'Rockmusik' beschreibt, kann sich niemand wirklich etwas darunter vorstellen ('Rockmusik' machen sowohl *Peter Maffay, Aerosmith* als auch *Nirvana* - und wohl kaum jemand wird behaupten, daß diese Bands alle 'so ungefähr das gleiche' machen). Die Bezeichnung 'Rockmusik' ist zu allgemein, der Begriff umfaßt so viele verschiedene Arten von Musik, daß sich niemand auch nur einigermaßen konkret etwas darunter vorstellen kann. Andererseits erreicht Ihr einen ähnlichen Effekt, wenn Ihr Euch einen Phantasienamen für Euren Musikstil ausdenkt, der so originell ist, daß Ihr in diesem Fall deshalb keine Assoziationen beim Hörer auslösen könnt, weil er mit dem Wortneugebilde überhaupt nichts anfangen kann. Ich kann gut verstehen, daß Musiker ihre Musik nur höchst ungern in Schubladen packen oder packen lassen. Viele empfinden ihre Musik als so eigenständig und originär, daß sie sie nicht mit Bekanntem verglichen wissen möchten. Außerdem wollen sie sich, klugerweise, davor hüten, abgegriffene Floskeln zu verwenden. Also wird für fast jede Band ein neuer Musikstil kreiert, was irgendwie auch nicht der Sinn der Sache sein kann.

Zieht Freunde hinzu und bittet sie, in drei kurzen Sätzen Eure Band zu beschreiben und das, was Euch ihrer Meinung nach von anderen 'ähnlichen' Bands unterscheidet, was sie toll an Euch finden (mit Antworten wie: „Ich bin in den Trommler verliebt" kann allerdings höchstens Euer Trommler was anfangen - für's Info ist dieser Satz nicht sonderlich ergiebig). Wenn Ihr Profi-Texter im Bekanntenkreis habt, bittet sie um Mithilfe und nehmt Euch vor allem viel Zeit. Versucht, abgegriffene Floskeln zu vermeiden, wie man sie in jedem zweiten Info findet (Wenn ich noch einmal 'Rockmusik vom Feinsten' oder 'Die Musiker begeistern durch ihre Spielfreude' lese, muß ich brechen).

Der Einzeiler

2. Einen **Einzeiler**, der in noch größerer Kürze annähernd das gleiche leistet wie oben beschriebener Fünf-Zeiler. Stellt Euch vor, Ihr bekommt einen Tagestip in einem Stadtmagazin und ihr lest dort als Konzertankündigung diesen von Euch formulierten Satz. Findet Ihr

Euch, Eure Musik, Eure Band, in diesem Einzeiler wieder? Werden die Leute aufgrunddessen neugierig auf Euch, so daß sie ins Konzert kommen, auch wenn Ihr noch relativ unbekannt seid?

3. Drei bis vier Schlagworte (einen **Halb-Zeiler**), der ganz kurz umreißt, was Ihr musikalisch macht. Dieser Halbzeiler könnte als Bildunterschrift unter Eurem Foto in Zeitschriften stehen, oder als genauere Beschreibung Eurer Musik auf den Plakaten.

Der Halbzeiler

Nehmt **diese drei Absätze ins Info** auf. Warum? Veranstalter lesen nicht gern lange Aufsätze, um sich ein Bild von einer Band machen zu können und entnehmen ausführlichere Infos über Euch sowieso lieber den 'objektiven' Presse-Rezensionen; Journalisten sind vielbeschäftigt und entnehmen Ankündigungen, Bildunterschriften usw. gern den Infos, wenn diese es hergeben. Ansonsten formulieren sie oft auf die Schnelle selbst und man erkennt dann anhand dieser Ankündigungen manchmal die eigene Band nicht mehr.

Ansonsten ist dem Inhalt Eures Infos keine Grenze gesetzt. Faustregel: Schreibt so kurz wie möglich und schreibt nur über die Sachen, zu denen es wirklich etwas zu sagen gibt (eine Band, die es seit 1/4 Jahr gibt, sollte keine drei Seiten lange Band-Biografie schreiben; niemand will wissen, in welchem Kindergarten ihr wart).

3.3 Foto

Schwarz/weiß-Fotos: Am besten **zwei verschiedene Motive**, weil in vielen Orten die Printmedien untereinander konkurrieren; außerdem sollte eines der Motive im Hoch- und eines im Querformat sein, weil Fotoabdrucke in Zeitungen oft nur an Platzmangel für ein bestimmtes Bildformat scheitern. Verwendet schwarz/weiß, Hochglanz, ('seidenmatte' Abzüge können viele Zeitungen nicht bearbeiten), mindestens im Postkartenformat (13 x 18 cm) und **laßt die Fotos nicht drucken**, sondern benutzt wirklich die teureren Foto-Abzüge, weil gedruckte Fotos bereits gerastert sind. Die Zeitungen rastern all ihre Bilder auch, dann liegen zwei verschiedene Raster übereinander. Das abgedruckte Foto besteht dann aus lauter Muster-Kästchen und nicht mehr aus Euren Konterfeis (Diesen Effekt nennt man 'Moirée'). Ideal: Schriftzug der Band unten ins Foto reinkopieren lassen, sonst Namen der Band hinten aufs Foto, weil Text- und Bildmaterial in den Zeitungen in unterschiedlichen Redaktionen bearbeitet werden und ihr sonst evtl. einen falschen Bandnamen unter Eurer Foto-Ankündi-

2 Motive, Hoch- und Querformat!

gung lest (keinen Kuli verwenden, drückt durch; Achtung bei Stempeln: Lange Trockenzeit! Man hat bei übereinander gestapelten Fotos dann oft verwischte Stempelfarbe auf den Vorderseiten - auch nicht soo schön).

Hinten drauf: **Bandname, Kontaktadresse** und die Bitte, **an Euch ein Belegexemplar** zu schicken. Ihr braucht ja unbedingt Presse-Rezensionen.

Möglichst vom 'Profi' machen lassen, keinen Familienschnappschuß nehmen, auch hier die Corporate Identity beachten (Heavy Metal Band in schwarzen Anzügen mit Krawatte vor Pixie-Foto-Tapete kommt nicht so gut, es sei denn, man sieht deutlich, daß es sich bei diesem Stilbruch um Absicht handelt).

'Abdruck honorarfrei'!

Kauft Eurem Fotografen das Recht am Bild mit einer Pauschale ab, d.h. sein Copyright kommt nicht mit hinten aufs Foto sondern die Aufschrift **"Abdruck honorarfrei"**. Viele Fotografen arbeiten so, daß sie die Fotosession selbst umsonst oder zu einem sehr niedrigen Honorar machen. Wird aber ihr Foto dann irgendwo abgedruckt, bekommen sie dafür ein Honorar vom jeweiligen Printmedienverlag. Von Fotos, die auf solcher Basis vergütet werden müssen, habt Ihr überhaupt nichts: Es ist auch so schon schwer genug, ein Foto in die Zeitung zu bekommen. Wenn die Zeitungen dann noch ein Honorar an den Fotografen zahlen sollen, gehen die Chancen, ein Foto abgedruckt zu bekommen, hart gegen Null.

Farb-Dia: Falls Ihr Farb-Fotos von Euch gedruckt haben wollt, solltet Ihr Farb-Dias (ein Motiv genügt) in ausreichender Anzahl haben. Die Möglichkeiten, in Farbe abgedruckt zu werden, sind allerdings relativ gering. Meistens fordern die Redakteure dann von sich aus Farb-Dias an; aber es ist gut, welche vorrätig zu haben oder zumindest dann auf Anforderung sehr schnell herstellen zu können.

3.4 Presse-Rezensionen

Superwichtiges Promotion-Material

Die Presse-Artikel über Eure Band, Eure Konzerte, Tonträger... , sammeln, die interessantesten und besten ausschneiden - oft kann man auch innerhalb eines Artikels uninteressante Passagen rausschneiden, man braucht nicht den ganzen zweiseitigen Artikel über ein Festival mitzuschicken, wenn über die eigene Band zwei Sätze verloren wurden. Auf 2-4 DIN A 4 -Seiten ordentlich, mit Quellenangabe und Datum, so einigermaßen aktuell, zusammenkleben, doppelseitig (spart Porto) kopieren, dem Info anlegen. Veranstalter und andere richten sich oft mehr nach 'objektiven' Meinungen Dritter, als nach Euren eigenen 'Selbstbeweihräucherungen'. Laßt Euch, wenn Ihr bei Euren Shows oder sonstwo mit Journalisten, Fotografen redet, deren Adresse und Telefonnummer geben. Gebt Ihnen nicht nur Eure Adresse, sie melden sich in den seltensten Fällen von allein wieder und telefoniert den Belegexemplaren hinterher. Abgesehen davon schießen Fotografen manchmal klasse Live-Fotos, was übrigens ziemlich schwierig ist, die könnt Ihr dann ja vielleicht abkaufen und für Eure Infos verwenden. Gute Live-Fotos machen viel her.

3.5 Plakate (Poster)

Plakate, die **draußen an Bauzäunen** usw. geklebt werden sollen, müssen vor allem anderen eins sein, nämlich das, was der Name schon andeutet: **Plakativ**, d.h. es sollen keine filigranen Kunstwerke sein, sondern sie müssen auch Kurzsichtigen und Autofahrern noch aus 20 m Entfernung den Namen der Band sozusagen um die Augen schlagen. D.h.: DIN A 1-Format, so billiges Papier wie möglich, weil das viel besser klebt als hochwertiges; sehr schlicht gestalten, den Namen der Band gaaanz groß, Signalfarben verwenden (aber auch hier Corporate Identity beachten); wenn Ihr noch nicht so bekannt seid, 3-4 Worte zur Musikrichtung (siehe: Info) und Kontaktadresse. Denjenigen unter Euch, die schon mal davon gelesen haben, daß es ja Leute geben soll, die wild plakatieren, sei gesagt: Es ist keine Gefahr, die Kontaktadresse anzugeben, wenn man nicht auf frischer Tat beim Plakatieren ertappt wird. Ihr seid nicht verpflichtet, darauf achtzugeben, daß nicht andere Leute Eure Poster wild verkleben. Freiraum lassen für örtliche Eindrucke von Termin, Ort, Vorverkaufsstellen etc.

Plakate, die z.B. **in Kneipen und Läden** aufgehängt werden sollen, können etwas künstlerischer, filigraner gestaltet sein, weil man sie dort nicht aus so großer Entfernung lesen können muß. Sie sollten auch in höchstens DIN A 2-Format gedruckt werden, weil in Kneipen usw. nicht der Platz ist, um DIN A 1-Riesenteile aufzuhängen; inhaltliche Mindestanforderungen wie oben. Zu einem Band-Foto auf dem Poster kann ich nur dann raten, wenn die Besetzung der Band sehr stabil ist, sonst könnt Ihr bei jeder Umbesetzung neue Poster machen lassen - viiel teuer!

Plakate müssen plakativ sein!

Am preiswertesten ist schwarz/weiß-, am teuersten Vierfarb-**Druck**, dazwischen gibt's 2-, 3-Farb- oder Iris-Druck (mehrere, ineinander verlaufende Farben, Preis von zwei-Farb-Druck). Achtung! Das Teuerste ist oft nicht der Druck an sich, sondern die Erstellung der Lithos (Druckvorlagen).

Mit-Finanzierung durch Sponsoren

Ihr könnt versuchen, zur Finanzierung der Plakate einen **Sponsor** zu finden, d.h. eine Firma oder mehrere, die ihre Logos mit eindrucken und sich dafür an den Kosten beteiligen. Gibt's oft. Allerdings auch bei der Auswahl der Sponsoren die Corporate Identity und die Stimmigkeit der verschiedenen Sponsoren untereinander beachten. Es ist nicht so clever, eine Zigarettenfirma zu wählen, wenn ihr in zwei Eurer Songs vehement für's Nichtrauchen eintretet oder zwei konkurrierende Bierfirmen gleichzeitig zu Sponsoren zu machen.

Es ist auch üblich, daß sich die **Veranstalter an den Plakat-Druckkosten beteiligen**, solange Ihr noch keine Plattenfirma habt, die diese Kosten übernimmt (je nach Qualität der Plakate so ca. DM 0,50 bis DM 1,00 pro Stück). Allerdings solltet Ihr dem Veranstalter je nach Größe der Veranstaltung 50 - 100 Poster kostenlos zur Verfügung stellen. Schließlich wirbt er für Euer Konzert und hat außerdem noch die Plakatierer zu bezahlen. Einige Veranstalter weigern sich auch grundsätzlich, Euch Poster abzukaufen; falls Ihr ihnen die benötigte Menge Poster nicht kostenlos zur Verfügung stellt, verzichten sie eben auf Plakatwerbung, was Euch sicher mehr zum Nachteil gereicht als ihnen, weil es Euch ja fast noch wichtiger ist als dem Örtlichen Veranstalter, viel Publikum im Konzert zu haben.

3.6 Handzettel (Flyer)

Prima, preiswertes Promo-Material

Oft clevere Alternative oder Ergänzung zu Postern; finden oft viel mehr Beachtung als Poster-Werbung, weil sie individuell in Kneipen und Szene-Läden verteilt werden. Wenn Ihr den Veranstaltern Flyer in ausreichender Anzahl (500- 2.000 Stück) für ein Konzert schickt, erklärt er sich oft bereit, die Verteilung zu übernehmen. DIN A 5-Kopien reichen aus, d.h. Ihr könnt die Flyer 2 x auf eine DIN A-4 Seite schreiben, dann kopieren und schneiden lassen. Wenn Ihr farbiges Papier und normale s/w-Kopien nehmt, ist das oft eine preisgünstige, gute Promotion-Möglichkeit für Eure Shows.

Inhalt: Bandname (grooß), Tag, Datum der Veranstaltung, Name des Clubs, Festivals etc., evtl. Adresse, Einlaß-Uhrzeit, Eintrittspreis VVK (Vorverkauf), Eintrittspreis AK (Abendkasse), ggfs. Vorverkaufsstellen, falls Ihr Sponsoren habt, die Logos derselben - dann zahlen diese Euch sogar die Herstellung der Flyer.

3.7 Außerdem möglich, aber nicht unbedingt nötig

- **Aufkleber**: Es soll Bands geben, die mit den prima klebenden 'Spuckis', das sind die ganz preiswerten Papieraufkleber, die-man nirgends wieder abbekommt, ganz Deutschland flächendeckend gepflastert haben - guter Werbeträger.
- **Visitenkarten**: Ziemlich preiswert herzustellen und sehr sinnvoll, weil Euch sicher ab und an bei Konzerten andere Veranstalter oder Journalisten nach Eurer Kontaktadresse fragen; oft hat man gerade dann weder Zettel noch Stift dabei, bzw. gerade nicht die Zeit, die Adresse (lesbar) aufzuschreiben.
- **Autogrammkarten, Briefpapier**.
- Gruppeneigener **Stempel** mit Bandname, Kontaktadresse, Telefon. Recht sinnvoll: Ihr könnt z.B. die Infos usw. stempeln, statt die Kontaktadresse einzudrucken, bei Adressen-Änderungen ist ein neuer Stempel meist preiswerter als Neu-Druck.
- **Merchandising-Artikel** (Artikel, die nix direkt mit Musik zu tun haben und auf Konzerten usw. von Euch an die Fans verkauft werden). Prima Werbeträger, ausführlicher hierzu siehe Abschnitt "Mechandising".
- Andere **Promotion-Schnick-Schnacks**, da ist Eurer Phantasie (fast) keine Grenzen gesetzt.
- Den **Bandnamen auf den Bandbus** zu schreiben, ist zwar auch sehr werbewirksam, aber aus sicherheitstechnischem Gesichtspunkt heraus könnt Ihr dann auch gleich dazuschreiben: "Lieber Einbrecher, dem Bandnamen auf diesem KFZ kannst Du entnehmen, daß er über Nacht unbewacht wertvolles Musik-Equipment enthält - ein Bruch lohnt sich also allemal". Soll heißen, finde ich als Werbemethode nur dann schlau, wenn Euer Bus nie unbewacht ist.

Das Bandbüro 4

4.1 Telefon, Anrufbeantworter

Telefon, möglichst mit Anrufbeantworter, um auch in Abwesenheit erreichbar zu sein, ist die Minimal-Voraussetzung zum Buchen, um anzurufen und angerufen zu werden; falls jemand von Euch die Band-Anrufe von seinem privaten Telefon aus macht, solltet Ihr ein Telefon mit Gebührenzähler haben, damit Ihr die vertelefonierten Einheiten mit der Bandkasse abrechnen könnt.

Erreichen und erreicht werden können

4.2 Telefax

Ist zwar auch ein Kostenfaktor, aber wer etwas professioneller arbeiten will, kommt heutzutage kaum noch ohne selbiges aus. Viele Sachen sind manchmal so eilig, daß sie ohne Fax kaum zu schaffen sind. Außerdem sind durch die Weiterentwicklung und Preissenkungen im Bereich der Kommunikationstechniken die Ansprüche an Geschwindigkeit im Geschäftsverkehr allgemein enorm angestiegen, so daß von Profis oder Semiprofis inzwischen allgemein fast erwartet wird, daß sie über diese Technik verfügen. Ob diese Erwartungshaltung nun in Ordnung ist oder nicht, mag dahingestellt bleiben. Ich habe schon öfter die Erfahrung gemacht, daß Geschäftspartner Leute als unprofessionell arbeitend ansehen, wenn diese "nicht mal ein Fax-Gerät haben". Wie man mit dieser Haltung anderer umgeht, ob man sich dadurch unter Druck setzen läßt oder nicht, muß allerdings jeder für sich selbst entscheiden.

Geschwindigkeit des Geschäftsverkehrs

Ich selbst würde allerdings zur schnellstmöglichen Anschaffung eines Fax-Geräts raten, ich kann mir z.B. nicht mehr vorstellen, wie wir unsere monatlichen Tourdaten-Versendungen (an immerhin fast 100 Zeitschriften und Zeitungen) ohne Fax schaffen sollten. Und den Tourdaten-Verteiler schnellstmöglich auf- und auszubauen, ist auch für eine Newcomer-Band ein sehr wichtiges Promotion-Instrument, damit möglichst wenig Konzerte von Euch 'im Geheimen' stattfinden und Euer Name möglichst schnell in möglichst vielen Medien

Tourdaten- und Promotion-Verteiler

auftaucht. Von solchen Dingen wie kurz vor Toresschluß vom Veranstalter gefaxten statt rechtzeitig per Post geschickten Gastspielverträgen mal ganz abgesehen, ohne deren Erhalt Ihr ja sicher nicht losfahren würdet (wenn Ihr schlau seid!)

4.3 Computer und Drucker

Nur für die Band einen anzuschaffen, lohnt sich sicher kaum, wenn man nicht wirklich professioneller arbeiten will. Wenn man aber einen hat, lassen sich damit:

- über Textverarbeitung sämtliche Briefe und Tourdaten-Pläne optisch ansprechend schreiben und mittels Rechtschreib-Prüfungs-Programmen heftige Fehler vermeiden;

- über eine Datenbank alle Veranstalter und Medien, Plattenfirmen, Fans, Verträge, ... erfassen; man kann sie dann nach denunterschiedlichsten Kriterien sortieren, nach bestimmten Auswahlkriterien ausdrucken, beim Telefonieren eine bestimmte Adresse oder Nummer entschieden schneller finden als auf Karteikarten;

- über Grafikprogramme alle Werbesachen der Band selbst optisch ansprechend gestalten;

- über Buchführungsprogramme die Band-Buchführung übersichtlich selbst machen;

- über Tabellenkalkulationsprogramme Einzel-Shows oder Tourneen sehr viel übersichtlicher, schneller und genauer kalkulieren als 'zu Fuß';

- die Anschaffungskosten für ein Fax-Gerät reduzieren, weil es inzwischen recht preisgünstig die Möglichkeit gibt, den Computer als Faxgerät zu benutzen;

- über Millionen Spielprogrammen die Tage vertrödeln ;

4.4 Adressenkarteien bzw. -Dateien

Legt Euch Karteien all Eurer Adressen an (wenn Ihr einen Rechner habt, Dateien), die Ihr nach dem ABC, nach Postleitzahlen oder nach dem Kriterium sortiert, das Euch am sinnvollsten erscheint; in einer Zettelwirtschaft ist effektives Arbeiten nach meiner Erfahrung nicht möglich, zumal, wenn man denjenigen nicht selbst angerufen hat, sondern er sich bei Euch meldet. Wenn Ihr dann stundenlang erst auf Euren Zetteln danach suchen müßt, was Ihr schon besprochen hattet, werdet Ihr z.B. dem Veranstalter im zweiten Telefonat sicher eine andere Gage nennen als im ersten Gespräch. Suuperpeinlich!

Karteien / Dateien zum effektiven Arbeiten

Ihr solltet Euch zu mindestens folgenden Oberbegriffen **Karteien/Dateien** anlegen:

- **Veranstalter;**

- **Venues** (manche Venues werden von mehreren verschiedenen Bookern gebucht, und manche Veranstalter machen in unterschiedlichen Venues Konzerte);

- **Printmedien bzw. Journalisten;**

- **Rundfunk- und Fernsehsender bzw. Redakteure;**

- **Agenturen bzw. Tourneeveranstalter;**

- **Sonstige Geschäftskontakte wie Fotografen, Grafiker, Druckereien, Kfz-Vermietungen...**

Prima und in der Zukunft sicher nützlich ist es außerdem, folgende Adressengruppen gut sortiert zu archivieren: Hotels, PA- und Lichtfirmen, Fans, Discjockeys u. ä.

Wir wickeln inzwischen auch unsere gesamten Gastspielverträge über die Rechner ab, wodurch wir vieles automatisieren können, aber das ist am Anfang sicher nicht unbedingt nötig, zumal Ihr ja wahrscheinlich nicht, wie wir das tun, mit verschiedenen Bands zusammenarbeitet (dann allerdings sollte man auch noch eine **Künstlerdatei** anlegen).

Automatisierung von Routine-Arbeiten

Natürlich müssen, um das gesamte Musik-Business abzudecken,

auch Dateien für Tonträgerfirmen, Tonträger-Vertriebe und Musikverlage angelegt werden. Da sich dieses Buch aber auf das Live-Musik-Biz beschränkt, werde ich darauf nicht näher eingehen.

Folgende Angaben sollten die Karteien bzw. Dateien meinen Erfahrungen nach mindestens beinhalten:

Inhalt Kartei / Datei Veranstalter

Veranstalter:

- Vorname und Name des Veranstalters;
- Genaue Firmenbezeichnung, Anschrift, Telefonnummer(n), Faxnummer;
- Welches ist der nächste Termin, an dem Ihr ihn wieder kontakten wollt?
- Wer sind Eure Ansprechpartner (der/die Booker);
- Wann habt Ihr ihm was von Euch zugeschickt?
- Verweisfelder für die Venuedatei, aus denen hervorgeht, welche Venues dieser Veranstalter bucht, bzw. unter welchen Stichworten Ihr die zugehörigen Venues zu suchen habt;
- Ggfs. Verweisfelder für die Gastspiel-Vertragsdatei, aus denen hervorgeht, wann und zu welchen Konditionen Ihr schon Verträge mit dem Veranstalter gemacht habt;
- Platz für Notizen, die Ihr Euch zu Gesprächen mit dem Veranstalter macht.

Inhalt Kartei / Datei Venues

Venues:

- Genaue Firmenbezeichnung, Anschrift, Telefonnummer(n), Faxnummer;
- Welche Musikstile sind für das Venue geeignet?
- An welchen Wochentagen wird Live-Musik gemacht? (Wichtig für Tourneeplanungen, bei denen man versuchen muß, ein vernünftiges 'Routing' hinzubekommen: montags Kiel, Dienstag darauf Dresden, mittwochs Düsseldorf, donnerstags Hannover und freitags München ist kein so cleveres Routing, man zaubert irre hohe Fahrtkosten und völlig entnervte Musiker nebst Crew);
- Publikumskapazität in bestuhltem und unbestuhltem Zustand; das ist einerseits wichtig, um herauszufinden, ob das Venue zu groß oder zu klein für die zu erwartenden Zuschauer ist, ander-

erseits muß man die Größe eines Venues unbedingt wissen, um sie bei Gagenverhandlungen in die eigene Kalkulation einbeziehen zu können;
- Handelt es sich bei dem Venue um einen Saal, ein Zelt oder eine Open Air-Veranstaltung?
- Wenn es sich um eine sich regelmäßig wiederholende, nur über einige Tage gehende Veranstaltung handelt, Termine notieren; sokönnt Ihr Euch z.B. im Lauf der Jahre eine Datei zulegen, aus der recht zuverlässig hervorgeht, wann im Lauf des Jahres welcheFestivals stattfinden;
- Durchschnittliche Eintrittspreise;
- Wenn vorhanden, Aussagen über mögliche Gagenhöhen;
- Raumbesonderheiten, die wichtig für Euch sind. Z.B. kann eine13-köpfige Band ohne massive Umräumarbeiten im Venue nichtin einem Club spielen, dessen Bühnengrundfläche 2 x 3 m beträgt. Oder: Wenn Ihr selbst die Lichtanlage mitbringt oder eine Tour-Produktion anmietet, ist es wichtig, die Raumhöhe in Erfahrung zu bringen; manche Venues haben eine so niedrige Raumhöhe, daß man improvisieren muß, um das Bühnenlicht installieren zu können;
- Angaben, ob das Venue über PA- und Lichtanlage verfügt oder ob die Technik mitgebracht werden muß;
- Verweisfelder für die Veranstalterdatei, aus denen hervorgeht,welche Veranstalter dieses Venue buchen, bzw. unter welchen Stichworten Ihr die zugehörigen Veranstalter zu suchen
- habt;
Ggfs. Verweisfelder für die Gastspiel-Vertragsdatei, aus denen hervorgeht, wann und zu welchen Konditionen Ihr schon
- Konzerte in diesem Venue gegeben habt;
Platz für Notizen, die Ihr Euch zu Gesprächen bezüglich des Venues mit dem/den Veranstalter(n) macht.

Printmedien bzw. Journalisten:

Wir haben zwei getrennte Dateien zum Bereich Print-Promotion, weil es einige Journalisten gibt, die 'frei' arbeiten, d.h., sie schreiben für verschiedene Zeitungen, arbeiten z.T. sogar außerdem noch als Rundfunkredakteur, und wir könnten sie nicht eindeutig zuordnen und entsprechend nicht schnell genug in unseren Dateien wiederfinden, würden wir die Journalisten und Redakteure nicht in einer

**Redakteure /
Journalisten
Rundfunksender
Printmedien**

separaten Datei ablegen; die Printmediendatei hat dann wiederum Verweisfelder, aus denen hervorgeht, für welche Medien ein Journalist/Redakteur arbeitet. Diese Angaben sollte die Printmediendatei mindestens enthalten:

Inhalt Kartei / Datei Printmedien

Printmedien:

- Name des Printmediums;
- Art des Printmediums (z.B. Musikzeitschrift, Jugendzeitschrift, Stadtmagazin, Wochenzeitung, Tageszeitung, Fernsehzeitschrift, Fanzine, Frauenzeitschrift, Sonstige Fachzeitschrift...);
- Handelt es sich um ein überregional oder regional relevantes Medium? (Wichtig, wenn Ihr Promo-Aktionen plant, die eben entweder bundesweit oder regional begrenzt durchgeführt werden sollen);
- Ist das Medium nur für bestimmte Musikrichtungen interessant? (Z.B. hat es wenig Sinn, die Zeitschrift 'Metal Hammer' in eine Promo-Aktion für eine Rhythm 'n' Blues-Band einzubeziehen);
- Welches ist der nächste Termin, an dem Ihr das Printmedium wieder kontakten wollt?
- Was habt Ihr an Material wann dort hingeschickt?
- Verlagsanschrift mit Telefon- und Fax-Nummern. Das ist meistens die Adresse, an die Ihr Euch wenden müßt, um Anzeigen zu schalten; Anzeigen- und Redaktionsanschrift sind oft nicht identisch);
- Ansprechpartner für Anzeigenschaltungen;
- Redaktionsanschrift mit Telefon- und Fax-Nummern;
- Erscheinungshäufigkeit und -termin;
- Auflagenhöhe;
- Preis;
- Welche für Euch interessanten Ressorts gibt es in diesem Printmedium (Veranstaltungshinweise, Tonträger Rezensionen, Konzert-Reviews, Kultur- bzw. Feuilletonbereich, in denen über Bands geschrieben wird, Tourkalender...);
- Wenn es den Abruck von Tourdaten bzw. Veranstaltungshinweisen gibt: Wann ist dafür Redaktionsschluß?

- Wann vor Erscheinen ist Redaktionsschluß für redaktionelle Beiträge zu Musik?
- Wenn Tonträger-Rezensionen gemacht werden, gilt das nur für Longplay-CDs oder auch für EPs oder sogar für Cassetten?
- Verweisfelder zu der Journalistendatei;
- Platz für Eure Gesprächsnotizen mit dem Printmedium.

Journalist/Redakteur:
- Name, Vorname;
- Wann ist der nächste Termin, an dem Ihr ihn wieder kontakten wollt?
- Anschrift (wenn möglich, Privatanschrift) mit Telefon- und Fax-Nummern;
- Arbeitet er als Journalist und/oder Redakteur im Rundfunk / Fernsehen?
- Wenn er für ein oder mehrere Medien fest arbeitet: Welches ist/sind seine Ressort/s?
- Gibt es eine musikalische Richtung, die seinen Arbeits-Schwerpunkt bildet?
- Verweisfelder zu den Printmedien- und Rundfunk-/Fernsehsenderdateien
- Welche Musikrichtung/Bands bevorzugt er privat?
- Wann habt Ihr ihn mit welchem Material von Euch bemustert?
- Wie war die Reaktion darauf?
- Platz für Eure Gesprächsnotizen mit dem Journalisten/Redakteur.

Inhalt Kartei / Datei Journalist / Redakteur

Rundfunk-/Fernsehsender:

Hier gilt das gleiche wie für die Datei Printmedien. In dieser Datei sind die Daten der einzelnen Sender abgelegt, Verweisfelder zur Journalist/Redakteur-Datei lassen erkennen, welche Redakteure für diesen Sender arbeiten. Im Umkehrschluß ist dann unter dem Datensatz des Redakteurs erkennbar, für welche(n) Sender er arbeitet.

- Name, Anschrift des Senders mit Telefon- und Faxnummern;
- Ggfs. Anschrift mit Telefon- und Faxnummern der Anzeigenabteilung, wenn sie von der des Senders differiert (der Tag, an dem Ihr mal Werbe-Jingles, auch Trailer genannt, für eine Show oder eine Tour schalten wollt und könnt, kommt eher, als Ihr denkt);

Inhalt Kartei / Datei Rundfunk-Fernsehsender

- Welche Art von Sender ist es (öffentlich-rechtlich oder privat, Fernsehen und/oder Rundfunk, regional oder überregional sendend)?
- Ist der Sender 24 Std. täglich auf Sendung? Wenn nein, von wann bis wann täglich?
- Welche Musikrichtungen können prinzipiell auf diesem Sender zum Einsatz kommen?
- Kann er sein eigenes Musikprogramm gestalten oder übernimmt er sein Musikprogramm von einem übergeordneten Sender?
- Sind Interviews prinzipiell möglich oder kommen alle Musikbeiträge vom Band?
- Bei Fernsehsendern: Werden nur Videoclips gezeigt oder werden auch Bands live ins Studio eingeladen?
- Wie heißen die Sendungen, in denen Musikeinsätze möglich sind?
- Zahlt der Sender den Bands Honorare, wenn sie ins Studio eingeladen werden? (Die öffentlich-rechtlichen Fernsehsender zahlen in der Regel welche);
- Gibt es die Möglichkeit, Veranstaltungshinweise gesendet zu bekommen?
- Wann habt Ihr den Sender mit welchem Material von Euch bemustert?
- Verweisfelder zur Journalist-/Redakteur-Datei;
- Platz für Eure Gesprächsnotizen mit dem Sender.

Inhalt Kartei / Datei Agenturen / Tourveranstalter

Agenturen bzw. Tourneeveranstalter:

- Name;
- Anschrift mit Telefon- und Fax-Nummern;
- Ansprechpartner;
- Wann ist der nächste Termin, an dem Ihr diese Firma kontakten wollt?
- Wann habt Ihr diese Firma mit welchem Material von Euch bemustert?
- Für welche Bands arbeitet die Firma? (Musikrichtungen, Größenordnung im Sinne kommerziellen Erfolgs, Nationalität, bei welchen Tonträgerfirmen sind die Bands unter Vertrag?);
- Für wie viele Bands arbeiten insgesamt wie viele Mitarbeiter? (Das läßt Rückschlüsse darauf zu, wie intensiv sich der einzelne

Mitarbeiter im Falle einer Zusammenarbeit auf die Arbeit für Eure Band konzentrieren kann);
- Arbeitet sie international, bundesweit oder regional begrenzt?
- Seit wann gibt es diese Firma (das läßt Rückschlüsse darauf zu, wie dicht das Netz der Geschäftskontakte dieser Firma bereits ist);
- Arbeitet sie als Agentur und/oder als Tour-Veranstalter?
- Arbeitet sie ausschließlich im Agentur-Bereich oder z.B. auch als Manager und/oder Musikverleger, Plattenfirma? (Das läßt Rückschlüsse darüber zu, inwieweit eine Ausweitung einer möglichen Zusammenarbeit später denkbar ist, ob die Agentur/der Tourveranstalter Euch z.B. auch in Bereichen Eures Artist Development behilflich sein kann oder nicht);
- Notizen, was andere über die Arbeitsweise dieser Firma berichten;
- Platz für Eure eigenen Gesprächsnotizen mit der Firma.

Sonstige Geschäftskontakte:

- Name, Vorname;
- Firmenname, Anschrift mit Telefon- und Fax-Nummern;
- Ansprechpartner;
- Geschäftsbereich (z.B. Kfz-Vermietung, Versicherungen, Grafiker, Fotograf...);
- Wann ist der nächste Termin, an dem Ihr kontakten wollt?
- Platz für Kundennummer, Versicherungsnummern oder was auch immer im Rahmen dieser speziellen Geschäftsbeziehung schnell gefunden werden können sollte;
- Notizen über bisherige Geschäftskontakte;
- Platz für Eure Gesprächsnotizen mit diesem Geschäftspartner.

Inhalt Kartei / Datei Sonstige Geschäftskontakte

4.5 Tagesplaner

Eine Art Terminkalender (Ringbuch mit jeweiligem Datum oben reicht völlig), in dem Ihr beim Telefonieren gleich aufschreibt, wann Ihr einen Veranstalter wieder kontakten sollt - wenn man viel telefoniert, kann man sich einfach nicht merken, wann man wen wieder anrufen soll - habe selbst ganz zu Anfang ohne Tagesplaner gearbeitet und doch einige Anrufe oder Briefe einfach vergessen oder einen

Terminkalender

Veranstalter zig mal angerufen (kostet ja auch), der mir gesagt hatte, daß er definitiv vor dem soundsovielten nix weiß; macht außerdem keinen guten Eindruck, so vergeßlich zu wirken. Seid unbedingt zuverlässig! Ruft wirklich an, wenn Ihr's zugesagt habt. Viele Konzerte kommen nur wegen Unzuverlässigkeit eines der Geschäftspartner nicht zustande.

Den Planer könnt Ihr auch gleichzeitig benutzen als:

4.5.1 Euren persönlichen Denk-dran-Terminkalender

in den Ihr wichtige Termine notiert, wie Abgabetermine für Steuerunterlagen, Rechtsanwaltstermine, Soll-Termine für zu erreichende Ziele bzw. Teilziele usw. und als

4.5.2 Terminkalender der Band

Übersicht über alle Termine haben

Schreibt alle die Band betreffenden Daten rein. Zum einen die bereits fest gebuchter Konzerte sowie die von 'Bleistift-Terminen', d.h. optionierter Konzert-Termine, die Ihr einem Veranstalter bereits als möglich zugesagt habt, die aber noch nicht fest bestätigt sind. Letzteres ist zum einen wichtig, um Doppelbuchungen zu vermeiden, d.h. in der Hektik des Tagesgeschäfts mal eben zwei Konzerte auf einen Termin zu buchen. Zum anderen sollte man gemachte Zusagen grundsätzlich einhalten. Der Veranstalter sollte sich bei seiner Planung darauf verlassen können, daß Ihr den mit ihm abgesprochenen Termin frei haltet bzw. Euch auf jeden Fall wieder bei ihm meldet, bevor Ihr den Termin anderweitig vergebt.

Notiert hier auch sogenannte Sperr-Termine, das sind solche, an denen einer oder mehrere von Euch nicht auftreten können, weil Oma Geburtstag hat oder sonstwas; es ist oft schwierig (außerdem Energieverschwendung), einmal gebookte Auftrittstermine umzubuchen.

4.6 Schriftwechselbuch

Portokostenübersicht

Notiert Euch beim Telefonieren, was Ihr demjenigen schicken sollt, hakt es dann ab, wenn erledigt; so behaltet Ihr den Überblick, wem Ihr was wann geschickt habt; Ihr könnt's, wenn Ihr den Portobetrag mit eintragt, auch gleich als Porto-Kostenübersicht mit benutzen.

4.7 Ordner für ...

- **Schriftwechsel:** Heftet Euren Schriftwechsel ab, gut sortiert, schlauerweise nach dem Alphabet; am Telefon muß man oft Unterlagen schnell griffbereit haben; Ihr könnt dann schlecht sagen: „Moment mal" und erst mal 'ne halbe Stunde lang Eure Wohnung durchwühlen.
- **Gastspielverträge:** Heftet Eure Gastspielverträge nach Auftrittsdatum sortiert ab (man muß sie übrigens wegen des Finanzamts 10 Jahre lang aufbewahren), um sie bei telefonischen Rückfragen schnell griffbereit zu haben. Wir machen's bei uns immer so, daß wir den Originalvertrag so lange mit in den Vertragsordner heften, bis die unterschriebenen kopierten Exemplare vom Veranstalter zurück sind, damit wir den Vertrag nicht neu schreiben müssen, falls er mal auf dem Postweg verloren geht oder der Veranstalter ihn verlegt (ausführlicher dazu siehe Kapitel Gastspielverträge und ihre Bearbeitung).
- **Presserezensionen** über Eure Band: Heftet alle Artikel über Eure Band in Klarsichthüllen (nicht lochen) nach Erscheinungsdatum sortiert ab. Aus diesem Archiv könnt Ihr dann Eure Presse-Seiten für's Info zusammenkopieren und -schnipseln.
- **Gesprächsmemos:** Wenn Ihr geschäftliche Gespräche führt, egal ob untereinander oder mit Dritten, sollte sich immer jemand die Mühe machen, zumindest stichwortartig das Wichtigste zu protokollieren und Kopien davon allen am Gespräch Beteiligten zukommen zu lassen. Es passiert dann nicht mehr dauernd, daß jemand sagt: „Das hatten wir aber anders abgesprochen." oder: „Darüber haben wir doch noch gar nicht geredet, oder?". Spart 'ne Menge Ärger, auch wenn's sich zunächst mal nach Mehrarbeit anhört. Macht außerdem bei jedem einen professionellen Eindruck. Nach Themen oder Gesprächspartnern oder nach Datum sortieren.
- **Kopiervorlagen:** All Eure Kopiervorlagen (für Infos, Technische Rider, Bühnenanweisungen, Verträge, Briefvordrucke...) auf einem Platz sammeln (nicht lochen!), viel Gesuche gespart! Um optisch ansprechbare Kopien zu bekommen, ist es wichtig, daß man Neuauflagen immer wieder vom ursprünglichen Original ziehen kann. Eine Vorlage büßt bei jedem Kopiervorgang an Druckqualität ein, so daß Kopien von Kopien optisch nicht so

ansprechend sind. Sammelt also irgendwo zentral die Originale, damit Ihr z.B. bei Info-Nachdruck nicht von den bereits kopierten Exemplaren vervielfältigen müßt.
- **Dokumente:** Alle Eure wichtigen Dokumente zusammen sortieren: Verträge (nicht Gastspielverträge, sondern z.B. GbR-Vertrag, wenn Ihr einen habt, Verlagsverträge, Plattenverträge...), Versicherungs-Policen (Bandbus, Instrumenten-Versicherung...), Auslandsvisa, genaue Anschriften, Telefonnummern, Geburtsdaten, GEMA-Mitgliedsnummern aller Bandmitglieder...; solche wichtigen Unterlagen solltet Ihr möglichst gut wegschließen. Heutzutage muß man immer damit rechnen, daß mal eingebrochen wird - das ist an sich schon bitter genug, wenn Ihr dann aber wichtige Originaldokumente einbüßt, ist's umso ärgerlicher.
- Grundsätzlich zum **Thema Sicherheit:** Richtet Euer Bandbüro so ein, daß z.B. nicht Briefmarken in größeren Mengen offen herumliegen, daß möglichst alles, was von Wert ist, verschlossen ist; zwar hält das professionelle Einbrecher auch nicht davon ab, das Zeugs zu finden und mitgehen zu lassen, aber die Chance, daß weniger wegkommt, ist einfach größer.
- **Steuerunterlagen:** Finanzamt-Bescheide, Zahlungsbelege...
- **Rechtsanwalts-Zeugs:** Im Laufe Eurer Karriere werdet Ihr sicher das eine oder andere Mal mit Rechtsanwälten zu tun haben, z.B. nicht gezahlte Gagen einklagen o.ä.; Schriftwechsel, Urteile etc. nach Vorgang (sprich: nach einzelnen Fällen) sortiert abheften (auch mindestens 10 Jahre lang aufbewahren).
- **Kreatives:** Ideen-Sammel-Ordner. Oft hat man nach dem 18. Bier die witzigsten Ideen für Promotion, Image, Outfit oder sonstwas, von denen ca. 2% nüchtern dann immer noch gut sind. Vieles kann man nicht gleich umsetzen. Notieren, sammeln, damit man die Ideen beizeiten abrufen kann.
- **Angebote:** Sicher bekommt auch Ihr ab und an Werbung von PA-Firmen, Musikmessen, Literatur über Musik, Versicherungen... zugeschickt. Man neigt dazu, das alles gleich wegzuwerfen, weil man im Moment nix damit anfangen kann oder nicht weiß, wohin damit. Oft kann man genau dieses Angebot dann später gebrauchen. Also: Nach Sachgebieten sortieren und abheften (jetzt dürft Ihr endlich mal lochen!).

4.8 Bürobedarf

Papier, Stifte, Umschläge aller möglichen Größen, Packpapier für Poster-Versand, Schere, Kleber...

4.9 Brief- und Kartenvordrucke

Es ist unhöflich, Info und Demo oder sonstwas ohne Anschreiben rauszuschicken. Man muß aber wirklich nicht jeden Brief individuell verfassen. Ihr könnt Euch z.B. Karten oder Briefe im Kopierverfahren herstellen, die allgemein gehalten sind, z.B.: „Hallo, anliegend, wie telefonisch besprochen, Info und Demo von der Band XYZ. Einstweilen viel Spaß beim Reinhören und -lesen. Wir würden uns freuen, bald wieder von Euch zu hören, herzliche Grüße...". Das gleiche gilt für alle Briefinhalte, die Ihr zig mal mit dem gleichen Inhalt verschicken müßt. Und auch hier gilt: Anständige optische und inhaltliche Qualität. So blöd es klingt, aber die meisten Geschäftspartner legen auch Wert auf die Form, wenn sie's auch alle bestreiten.

Keine Postsendungen ohne Anschreiben

Adressenbeschaffung 5

Woll, jetzt habt Ihr also wichtige Grundsätzlichkeiten erschöpfend ("Ha, ha"; die Verf.) geklärt, eine absolut stimmige Corporate Identity entwickelt, arbeitet inzwischen mit professionellstem Zeitmanagement, habt geniales Promotion-Material für Eure Band erstellt und ein komplett eingerichtetes, logistisch zu Ende gedachtes Band-Büro. Jetzt kann's voller Elan losgehen mit dem Booken von Konzerten. Aabär: Warum hat Euch inzwischen nicht jemand eine umfangreiche aktuelle Veranstalterdatei rübergereicht? Muß man sich denn um alles selbst kümmern? Ja, und zwar z.B. auf diesen Wegen:

5.1 Austausch mit Musiker-Kollegen:

Oft die besten, weil aktuelle und überprüfte Adressen. Andere Bands können Euch dann auch gleich aus eigener Erfahrung von den Venues berichten, z.B. wie das Catering (Essen) war.

Erstaunlicherweise rangiert die Güte des Caterings auf der Interessenskala von Musikern noch weit vor der Zuschauerzahl oder der verdienten Gage, geschweige denn der Qualität der Show. Ich wundere mich zwar immer wieder, aber es ist wohl wirklich so:

*Frag einen Musiker, wie das Konzert vor zwei Jahren in Stuttgart war: Langes Schweigen und Überlegen auf der Gegenseite: "Hmmh, Stuttgart, was war da noch? Erinner' ich jetzt gerade nicht mehr..." "Na, in welchem Venue habt Ihr denn gespielt?" "Ääh..." "Und, wie viele Leute waren da? War die Gage o.k.? War's ein gutes Konzert?" "Mann, ich habe keine Ahnung mehr, das ist doch ewig her!" - Einwurf eines Bandkollegen: "Ey, sag mal, war das nicht die Show, wo's so'n prima Gulasch gab?" (Der interessierte Zuhörer bemerkt jetzt deutlich, daß die Erinnerung des Befragten einsetzt:) "Ach so, **das** Konzert. Jau, das Gulasch war echt super. Also da waren ungefähr 200 Leute, die fanden's auch richtig gut, der Veranstalter war sehr zugänglich und kümmerte sich ganz prima, wir haben auch ganz gut Geld verdient...prima Laden!" Bei Musikern geht anscheinend nicht nur die Liebe durch den Magen, sondern auch das Langzeitgedächtnis.*

Andere Bands sind keine Konkurrenten, sondern Leidensgenossen

Hockt nicht aus lauter Konkurrenzangst auf Eurem Adressen-Material wie auf dem heiligen Gral - Die Chance, daß Euch 'ne andere Band einen Auftritt wegschnappt, weil Ihr denen die Adresse gegeben habt, ist ziemlich gering; außerdem: Eine Hand wäscht die andere und Einigkeit macht staaaak!

5.2 Stadtmagazine

In vielen Städten gibt es Stadtzeitungen, in denen meistens Listen mit Adressen von Veranstaltungsorten sind. Außerdem könnt Ihr in den dortigen Tagesprogrammen nachschauen, in welchen Läden welche Musik läuft und anhand der Bekanntheit der Bandnamen ungefähr auf die Größe des Venues schließen (Wenn Ihr z.B. lest, daß die *Stones* dort auftreten, könnt Ihr mit an Sicherheit grenzender Wahrscheinlichkeit davon ausgehen, daß dieses Venue zu groß für Euch ist). Schickt 'ne Postkarte an die Stadtmagazine und bittet um ein aktuelles Freiexemplar zur Ansicht. Die meisten schicken's bereitwillig.

5.3 Anzeigen-Kombis

Außerdem gibt es Anzeigen-Kombis der verschiedenen Stadtmagazine, die über alle Exemplare der von ihnen vertretenen Magazine verfügen. Wenn Ihr diese kontaktet, z.B., weil ihr überlegt, eine Anzeige zu schalten, aber vorher natürlich die Struktur der Hefte überprüfen wollt, um zu checken, in welchem Heft Ihr schaltet, könnt Ihr diese Kombis anrufen oder anschreiben und Euch kostenlos ein jeweils aktuelles Exemplar aller von ihnen vertretenen Magazine schicken lassen. So habt Ihr mit vier Telefonaten/Briefen ca. 120 aktuelle Stadtmagazine aus ganz Deutschland. Hier die 4 Kombis:

- City Kombi . Media Connect GmbH, Kurt-Schumacher-Str. 14 30159 Hannover . Tel.: 0511 / 186 07
- City Medien Verlags-GmbH . Wolfgangsstr. 88 . 60322 Frankfurt, Tel.: 069 / 597 08 05 . Fax: 069 / 597 14 34
- ad eins - Die Stadtillustrierten Werbe GmbH, Schlüterstr. 54. 20146 Hamburg, Tel.: 040 / 44 55 41 . Fax: /44 08 88
- Scene Programm Presse . Wolfgang Prenz, Tempelhofer Ufer 1a 10961 Berlin,Tel.: 030 / 251 06 01 . Fax 030 / 251 46 62

5.4 Rock Kalender

Hat nicht nur viele Veranstalteradressen, sondern auch Stadtmagazine, Studios, Plattenfirmen, Sender, Tourneeveranstalter... (ca. DM 10,00). Zu beziehen im Buchhandel oder über:

- Elefanten Press Verlag, Am Treptower Park 28-30, 12435 Berlin, Tel.: 030 / 68 83 41 51

5.5 Tourneepläne in Musikerzeitschriften

Z.B. in *Live in Concert*, *Zillo*, *Bravo*, *Rock Hard*, *Metal Hammer* ...u.v.a. stehen Auftritts-Ort und -Stadt vieler Bands; bei der Auskunft oder aus den Stadtmagazinen könnt ihr dann die Telefonnummer erfragen, bei dem Veranstalter dann telefonisch direkt den Rest Wissenswertes.

5.6 Hotelführer

Z.B. *Varta-Führer*, m.E. der beste (ca. DM 58,00). Im Buchhandel erhältlich, erscheint jährlich und enthält Anschriften und Telefonnummern der Stadtverwaltungen bzw. Verkehrsvereine aller deutschen Städte, ihre Einwohnerzahlen sowie natürlich viele Hotels mit Zimmerpreisen, teilweise auch Stadtkarten der größeren Städte. Sehr nützlich, um nicht jede Stadtverwaltungsnummer bei der Auskunft erfragen zu müssen.

5.7 Stadtverwaltungen, Kultur- und Verkehrsämter, Stadtjugendringe

Fangt in Eurer Region an, erfragt bei der Auskunft die Nummer der Stadtverwaltung, die können Euch dann oft Örtliche Veranstalter nennen oder veranstalten sogar selbst Stadtfeste usw.

5.8 Absagende Veranstalter

Wenn Ihr einen Veranstalter bemustert habt, der Euch, aus welchen Gründen auch immer, nicht engagieren will, fragt ihn nach Venues oder Veranstaltern in der Region, die für Euch in Frage kommen.

Meistens sind die Veranstalter sehr hilfsbereit und geben Euch gern Namen und Telefonnummern, oft sogar noch die zuständigen Ansprechpartner dazu. Veranstalter kennen ihre regionalen Mitbewerber oft am besten, so daß diese Adressen viel taugen. Erweitert so im Schneeballsystem Eure Kartei. Hakt dann bei diesen Adressen wirklich gleich nach und legt sie nicht einfach zu den Akten.

5.9 Veranstalter und Agenturen

Egal ob ein Veranstalter ab- oder zugesagt hat, fragt ihn nach Festival-Adressen in der Region. Festivals zu spielen, ist sehr wichtig, weil Ihr mit einem Konzert viele Zuschauer erreicht. Festivaladressen rauszubekommen, ist nicht einfach, weil die zuständigen Veranstalter meistens nirgends genannt sind. Also lohnt sich die Anfrage bei Veranstaltern. Sie kennen fast immer den einen oder anderen Festivalveranstalter in der Gegend. Wenn er Euch die Adresse gibt, tut er sich auch gleichzeitig selbst einen Gefallen: Wenn Ihr auf einem Festival in der Region vor vielen Menschen gespielt habt, ist die Wahrscheinlichkeit größer, daß zumindest einige davon zu einem Konzert von Euch kommen, das Ihr eine Weile nach dem Festival in dem Club des Veranstalters spielt, weil sie Euch noch von dem Festival her kennen.

5.10 Bundesweites Telefonbuch auf CD-ROM

Wer einen Rechner mit CD-ROM-Laufwerk hat, sollte sich überlegen, ein bundesweit gültiges Telefonbuch anzuschaffen, das erspart Euch viele Besetzt-Tüt-Tüts bei der Auskunft.

Auftritte buchen 6

6.1 Das richtige Venue für meine Band?

In fast jedem Ort gibt es mehrere Auftrittsmöglichkeiten für Musik-Bands. Fast genauso wichtig, wie überhaupt eine Show buchen zu können, ist es, den richtigen Club, das richtige Venue zu finden. 'Richtig' bezieht sich auf verschiedene Aspekte:

6.1.1 Zielgruppen-bezogen

Der Club sollte mit seiner Live-Musik grundsätzlich das Publikum ansprechen, das Eurer Zielgruppe entspricht. Eine Punkband sollte nicht in einem 'Bauernstübl' auftreten, in dem normalerweise Volksmusik dargeboten wird. Einerseits werden die Punkfans in diesen Club sicher nicht gehen, andererseits werdet Ihr beim Stammpublikum dieses Clubs sicher nicht auf Wohlwollen stoßen. Das war ein sehr krasses Beispiel, aber auch feinere Abstufungen sind zu beachten: Eine Soft-Rockband findet in einem typischen Heavy-Metal-Club, eine Hip Hop-Band mit sehr jungem Publikum in einem Club, der von älteren Blues- oder Folk-Fans bevorzugt wird, sicher ebensowenig positive Resonanz. Eine Mädchen-Rockband ist in einem Biker-Club wahrscheinlich heftigen Anmachen ausgesetzt usw. Versucht auch, über andere Musiker oder Freunde vor Ort herauszubekommen, welches die z.Zt. 'angesagten' Läden in einem Ort sind. Aufgrund verschiedener Mechanismen, die wohl niemand rational erklären kann, gibt es immer wieder Schwankungen in der allgemeinen Publikums-Akzeptanz. Es gibt Clubs, die zwar 'Eure' Musikrichtung veranstalten, die aber z.Zt. bei Eurem Publikum einfach 'out' oder noch nicht 'in' sind. Z.B., weil der Laden noch sehr neu und einfach noch nicht bekannt ist, oder weil er schon 'bessere Zeiten' gesehen hat, oder weil die Leute wegen häufiger Schlägereien Angst haben, dort hinzugehen, oder weil's Bier zu teuer ist, oder weil es Türsteher gibt, die keine Ausländer reinlassen, oder weil die Leute einfach beschlossen haben, sich z.Zt. dort nicht wohlzufüh-

Welche Art Publikum besucht Eure Konzerte?

Venues, die gerade 'in' oder 'out' sind

len. Wenn Ihr noch keine sehr bekannte und beliebte Band seid, werdet Ihr's sicher nicht schaffen, diese 'Boykott-Mechanismen' zu brechen, müßt dann also damit rechnen, vor sehr wenigen Leuten zu spielen.

6.1.2 Größenbezogen

Lieber ein voller kleiner Club als allein im Stadion

Natürlich ist es prima, in einer großen Halle aufzutreten; nicht so prima ist's, wenn Ihr in dieser Halle 50 Leutchen per Handschlag begrüßt. Abgesehen vom Kostenaspekt, der in einer großen Halle ungleich höher liegt als in einem kleinen Club, gibt es wohl nichts Frustrierenderes für eine Band (und für das Publikum), als in einer gähnend leeren Halle zu spielen. Mit denselben 50 Leutchen könnt Ihr in einem kleinen Club mit 120 Personen Fassungsvermögen schon richtig Party machen. Außerdem ist es schlecht für Euer Image, wenn viel weniger Leute da sind, als in ein Venue reinpassen. Im Zweifelsfall: Lieber einen zu kleinen Club ausverkaufen als einen zu großen fast leer wirken lassen. Wenn dann wirklich viele Leute vor der Tür bleiben müssen, weil ausverkauft ist, kann man sicher mit dem Veranstalter kurzfristig eine Zusatzshow vereinbaren; für Euer Image kann Euch kaum etwas Besseres passieren.

6.1.3 Stammpublikum vorhanden?

Das ist gerade für Newcomer-Bands eine wichtige Frage. Es gibt einige Clubs, die seit Jahren in der örtlichen Szene etabliert sind, als 'der Club, der jeden Dienstag Live-Musik macht', und wo viele Leute hingehen, egal, welche Band spielt, weil man sich dort mit Freunden trifft und Lust auf Live-Musik überhaupt hat. In solchen Clubs erreicht Ihr auch das Publikum, das sich nicht extra Euretwegen zuhause vom Fernseher weg aufraffen muß; wenn Ihr den Leuten gefallt, kommen sie wahrscheinlich das nächste Mal auch in einen anderen Club desselben Ortes, weil sie Euch ja nun schon kennen und Euch gut fanden.

Andere Clubs fahren ein **Mischprogramm**: In einem Raum ist Disco, in einem anderen spielt eine Live-Band. Eintritt wird für die Disco bezahlt, und das Publikum kann wechseln zwischen Live-Show und Disco. Diese Gigs sind etwas undankbar, weil Ihr vor Laufpublikum spielt, das hemmungslos während Eurer Show raus- und reinrennt.

Es ist schwer, dieses Publikum die ganze Show über zu halten, aber auch hier habt Ihr den Effekt, daß Euch 'zufällig' viele Leute hören, die dann beim nächsten Mal zu einem 'richtigen Auftritt' wiederkommen, wenn sie Euch gut fanden.

Diesen Effekt könnt Ihr auch auf **Stadtfesten** erreichen. Wenn Eure Musik einigermaßen in das meist eher familienorientierte Programm eines Stadtfests paßt, oder wenn ein Stadtfest eine Rockbühne für die Jüngeren hat, spielt diese Shows, wenn Ihr an sie rankommt. Organisatorisch sind sie meist mit etwas Streß für Euch verbunden, weil Stadtfeste oft von Leuten durchgeführt werden, die sonst das ganze Jahr über nichts mit Live-Musik zu tun haben und deshalb etwas unerfahren in Bezug auf die Bedürfnisse von Musikern sind. Oft sind die Organisatoren von Stadtfesten hoffnungslos überfordert, denn sie haben sich um mehrere Bühnen, all die Verkaufsstände, um die Sicherheits- und Sanitätssachen zu kümmern und um die Verwaltung des Ganzen. So wird es Euch sicher passieren, daß Ihr weder eine Garderobe habt, noch einen Entlade-Parkplatz in Bühnennähe (es ist schon mächtig anstrengend, die Amps 200 m weit durch eine brodelnde Menschenmenge zu asten), daß Ihr weder einen kompetenten Ansprechpartner vorfindet noch eine warme Mahlzeit. Manchmal fehlen sogar die vereinbarten Getränke oder die Mixerplatzüberdachungen. Bei diesen Shows handelt es sich aus Sicht der Veranstalter und des Publikums meist um 'bierbegleitende Musik'. Wenn Ihr glaubt, mit all diesen Widrigkeiten fertig werden und Euer Publikum trotzdem 'kriegen' zu können, könnt Ihr auch hier Laufpublikum erreichen, das bei einem späteren Konzert in der Region unter für Euch besseren Bedingungen auch bereit ist, Eintritt zu bezahlen, um Euch zu hören.

Stadtfeste

Wie wichtig **Festivals** sind, wißt Ihr sicher alle. Viele Leute gehen gar nicht unbedingt konkret wegen der Bands hin, die dort spielen, sondern wegen des Gesamt-Ereignisses. Auch wenn Ihr nicht die Hauptgruppe (auch Headliner oder Top Act genannt) seid, erreicht Ihr viele Zuschauer unter meist recht professionellen Bedingungen. Allerdings ist es schwer, Festival-Gigs zu buchen, aber der Aufwand lohnt sich schon deshalb, weil sich wichtige Festivals in der Band-Biografie ausgesprochen imagefördernd ausmachen. Stadtfeste und Festivals haben allerdings manchmal eine recht frustrierende Begleiterscheinung. Eben weil die Leute nicht hauptsächlich wegen der Musik kommen, sondern einfach, um abzufeiern, ist die Zahl der

Festivals

heftig Betrunkenen ziemlich hoch. Bei einigen Festivals sind nachmittags um drei ein Großteil der Leute schon so abgeschossen, daß Ihr genausogut auf der Bühne 'Sackhüpfen' spielen könntet statt Musik zu machen. Die meisten würden den Unterschied gar nicht mehr wahrnehmen. Das ist aus künstlerischem Aspekt heraus nicht sehr befriedigend.

6.1.4 Örtlich angebunden

Auch das ist wichtig. Es gibt viele Clubs, die 'außerhalb' liegen, also per öffentlicher Verkehrsmittel schlecht erreichbar sind. Wenn Ihr z.B. eine Band seid, die sehr junges Publikum anspricht, das zum Großteil noch keinen Führerschein hat, werden diese Fans Probleme haben, zu dem Club hinzukommen und dann halt notgedrungen wegbleiben, womit ja keinem gedient ist.

6.1.5 Ländliche oder großstädtische Region

Das mag wie ein Vorurteil klingen, aber meine Erfahrungen haben mir immer wieder gezeigt, daß doch etwas dran ist: Wenn Ihr sehr avantgardistische Musik macht, werdet Ihr in ländlichen Gegenden wohl Schwierigkeiten haben, begeistertes Publikum zu finden. Leute aus der Großstadt sind etwas sehr Neuem gegenüber meist eher aufgeschlossen. Andererseits ist es für Newcomer-Bands, egal welcher Richtung, sehr schwer, das kulturüberfütterte Publikum in Großstädten zu finden und zu begeistern. Es kann Euch passieren, daß Ihr 30 km von einer Großstadt entfernt vor 150 Leuten spielt und dann im angesagtesten Club der Großstadt selbst 20 Leutchen begrüßt.

6.1.6 Medienstädte

In dieser Richtung machen meiner Ansicht nach viele Plattenfirmen noch immer einen Denkfehler: Wenn sie eine Newcomerband unter Vertrag nehmen, lassen sie durch eine Agentur oft als erstes mal eine sogenannte Medienstadt-Tour buchen (Medienstädte sind die Städte, in denen besonders viele Printredaktionen und/oder Rundfunkanstalten ansässig sind: Berlin, Hamburg, (Bremen), Köln, Frankfurt, (Stuttgart), München. Sie versprechen sich durch die kurzen Anfahrtswege, möglichst viele Journalisten und Redakteure zum Kommen in die Konzerte bewegen zu können. Außerdem halten sie es für das Image einer Band wichtig, in den Medienstädten gespielt zu haben. Was dann leider oft passiert, ist folgendes: Das Publikum und auch die Medienpartner dieser Städte sind durch das unglaubliche Angebot musikalischer Art völlig übersättigt; viele der ganz großen Shows finden in diesen Städten statt (weil natürlich auch die großen Acts möglichst viel Medienresonanz haben wollen) und der Bedarf, zu 'noch so einer unbekannten Newcomerband' zu gehen, ist so gut wie nicht vorhanden. Die Folge: Es gibt Newcomerbands, die auf einer solchen '7-Medienstadt-Tour' vor insgesamt 40 Personen (das Thekenpersonal der Clubs mitgerechnet) gespielt haben. Ob das nun eine besonders imagefördernde Aktion ist?!

6.2 Geschäftsgespräche, 'Live' und am Telefon

Vielleicht werdet Ihr Euch fragen, ob es denn nötig ist, sich diesem Thema ausführlich zu widmen, schließlich sind ja auch Geschäftsgespräche eigentlich nichts anderes als Unterhaltungen mit jemandem, und unterhalten tut man sich ja schließlich von klein auf an immerzu. Das ist richtig, und es gibt rhetorisch begabte Menschen, die mit Geschäftsgesprächen auch genauso umgehen können: Sie sind locker und unverkrampft, müssen nicht lange überlegen, was sie als nächstes sagen, schütteln treffende Argumente scheinbar aus dem Ärmel, drucksen nicht herum, klingen sicher, souverän und freundlich, halt so, als würde man nett plaudern. Ihr kennt das: Es gibt Leute, denen kann man stundenlang gespannt zuhören bzw. sich angeregt mit ihnen unterhalten, ohne sich zu langweilen, auch wenn sie nur Banalitäten von sich geben. Und es gibt auf der anderen Seite Leute, die sehr kompetent Inhalte von sich geben, aber auf eine Art und Weise, daß man entweder nur 'Bratkartoffeln' versteht oder beim Zuhören fast einschläft (schlimmstenfalls beides). Bei den meisten Menschen dürfte das Talent zu reden, aktiv zuzuhören und zu überzeugen irgendwo zwischen diesen beiden Polen liegen.

Rhetorisches Talent hat man oder man hat es nicht ....

Denjenigen, die sich selbst nicht gerade für begnadete Rhetoriker halten aber trotzdem eine Band vermarkten wollen, sei gesagt, daß sie nur wegen fehlenden rhetorischen Talents nicht aufstecken müssen. Zum einen macht auch in diesem Fall 'Übung den Meister'. D.h.

... aber rhetorische Fähigkeiten kann man erlernen

je mehr Erfahrungen Ihr macht, je mehr Routine Ihr in Geschäftsgesprächen entwickelt und je sicherer Ihr Eurer Sache seid, desto besser werdet Ihr automatisch das Ganze auch rhetorisch überzeugend rüberbringen. Zum anderen gibt es natürlich auch im Bereich der Geschäftsgespräche Techniken, die man erlernen kann wie z.B. das Beherrschen eines Musikinstruments. Wenn Ihr Euch mal in Buchhandlungen oder Verzeichnissen der Volkshochschule oder wo auch immer in Sachen Fortbildungsmöglichkeiten umseht, werdet Ihr unzählige Bücher, Kassettenlehrgänge, Workshops zu Themen wie 'Gesprächstraining', 'Verkaufsgespräche', 'Verhandlungstraining', 'Rhetorik' und Artverwandtem finden.

Es würde hier entschieden zu weit führen, einen kompletten rhetorischen Lehrgang einzufügen, aber ein paar Faustregeln (keine Patentrezepte!) möchte ich Euch nennen, die mir selbst oft weiterhelfen:

- Seid **vorbereitet** und auf das Thema eingestimmt, d.h. erledigt Geschäfts-Telefonate nicht 'mal eben' zwischen Sportschau und Abendbrot. Macht Euch, falls ihr befürchtet, zwischendurch den Faden zu verlieren, ruhig vorher Notizen (notiert z.B. einige Argumente, die den Veranstalter motivieren könnten, Euch zu engagieren), gerade am Anfang Eurer Laufbahn, solange Ihr noch nicht so viel Routine habt. Es ist keine Schande, sich konzeptionelle Stichworte aufzuschreiben. Auf jeden Fall ist das besser und professioneller, als am Telefon konzeptlos daherzustammeln.

  Zieht Euch die Karteikarte bzw. den Datensatz des betreffenden Veranstalters, **bevor** Ihr ihn anruft. Ruft Euch noch mal ins Gedächtnis, was Ihr ihn fragen wollt und was ggfs. schon besprochen wurde: Auf welche Informationen, die Ihr schon habt, wollt Ihr den Gesprächsschwerpunkt legen? War er kürzlich krank oder im Urlaub, so daß Ihr ihn nach seinem Befinden oder eben den Urlaub fragen könnt? Solche Bemerkungen auf persönlicher Ebene schaffen eine gute Gesprächsatmosphäre, Euer Gegenüber fühlt sich von Euch wahr- und wichtig genommen. Ihr vermittelt ihm dadurch das Gefühl, daß er nicht nur Veranstalter No. 3765 für Euch ist, sondern auch ein Mensch.

Bedenkt, daß der einzig wirkliche Verhandlungsvorteil, den Ihr dem Veranstalter gegenüber außer Eurer Hartnäckigkeit habt, der ist, daß Ihr Euch mental auf das Gespräch vorbereiten könnt (spätestens seit Boris Becker wissen wir, wie wichtig das Mentale ist), während Euer Anruf für den Veranstalter überraschend kommt und er spontan reagieren muß.

- Seid wach und konzentriert, aber versucht, locker zu sein und vor allem Ihr selbst zu bleiben und verhaltet Euch nicht aufgesetzt oder künstlich (sonst vermittelt Ihr Euren Gesprächspartnern ganz schnell den Eindruck des typischen 'Staubsaugervertreters' aus den Witzblättern).

- Seid überzeugt und überzeugend. Wenn Ihr selbst nicht besonders überzeugt wirkt, weil Ihr Euer Anliegen runterleiert, wie wollt Ihr dann noch jemand anderen 'anstecken', von Euch überzeugt zu sein? Mir hilft es heute noch, bei wichtigen Gesprächen aufzustehen, man kann's kaum glauben, aber das Gegenüber, auch am Telefon, spürt die Körperhaltung, in der sich ein Redner befindet. Die Stimme wirkt fester und sicherer, wenn man steht, man fühlt sich selbst auch gleich anders.

- 60% des Verkaufens besteht aus Zuhören, nur 40% aus Selber-Reden. Das ist wohl die am schwersten einzuhaltende Regel und auch die, auf die man so ohne weiteres theoretisch nicht kommt, aber eigentlich ist es logisch: Wenn Ihr Euren Gesprächspartner durch Fragen oder Rede-Ermunterungen dazu bekommt, zu erzählen, zwingt Ihr ihn gewissermaßen, auf Euch einzugehen. Ihr lockt ihn aus der Desinteresse-Reserve. Ausserdem erfahrt Ihr dadurch oft wichtige Einzelheiten, die Euch bei den weiteren Verhandlungen helfen können. Versucht ein echtes Gespräch entstehen zu lassen und leiert nicht nur Euer Sprüchlein runter.

Die magische 60%-/40%-Regel

Eine fast immer erfolgreiche Methode, ein Telefonat von Anfang an in die Richtung eines echten Gesprächs zu bringen, **beginnt mit einer Pause** - an der richtigen Stelle:

Ein Gefühl für Pausen entwickeln

Ihr ruft z.B. einen Veranstalter an, es klingelt bei ihm, er geht ran, meldet sich. Z.B.: "Hallo, hier ist..." Ihr sagt zunächst einfach nur: "Hallo" oder "Guten Tag" oder welche Begrüßungsformel auch immer Ihr bevorzugt und dann erst mal nur noch "Hier ist/Mein Name ist..." An dieser Stelle redet noch nicht gleich weiter, stellt noch nicht Eure Band vor, sondern gebt Eurem Gegenüber die Gelegenheit, Euch gleichfalls zu begrüßen. Dann erst geht's weiter im Text. Probiert's aus, Ihr werdet erleben, daß die Gesprächssituation gleich ein bißchen natürlicher ist.

Es gibt einige naheliegende Beweggründe, die dazu führen können, daß man besonders am Telefon dazu neigt, eher zuviel als zuwenig zu reden:

Wenn man einen Veranstalter anruft, hat man ja eine Menge zu sagen: Man muß sich und die Band vorstellen, etwas ausführlicher die Band beschreiben und sein Anliegen vortragen, das darin besteht, nach Auftrittsmöglichkeiten zu suchen. Man geht davon aus, daß das Gegenüber wahrscheinlich in Eile ist und will ihn nicht unnötig lange aufhalten, um ihn nicht zu verärgern. Außerdem hat man seinen Text schon so vielen anderen Veranstaltern erzählt, daß man ihn mehr als auswendig kann. Und so kann es passieren, daß man sein Sprüchlein runterrattert, ohne dem Gespräch eine Chance zu geben, überhaupt zu einem richtigen Gespräch zu werden.

Unsicherheit ist eine weitere mögliche Ursache für zu vieles und/oder zu schnelles Reden: Man will nicht unvorbereitet wirken, will sein Gegenüber hören lassen, daß man weiß, wovon man spricht und rattert deshalb ...;

Außerdem ist es manchmal schwierig, ein Schweigen in der Leitung auszuhalten, das wird schnell peinlich. Um dieser eventuellen Verlegenheit vorzubeugen, sorgt man leicht durch ständiges Selbst-Reden dafür, daß ein solches Schweigen auf keinen Fall auftreten kann.

♦ Geht auf das ein, was der Veranstalter Euch sagt oder fragt, hört wirklich zu und reagiert darauf. (Aber macht kein Verhör aus dem Gespräch). Diesen Merksatz kann man sich gar nicht oft genug ins Gedächtnis rufen, gerade, wenn man eigentlich ein munter drauflos redender Mensch ist, was viele der Leute sind, die sich für Marketing und Verkauf interessieren (ist ja auch naheliegend, man tut gerne das, was man sowieso schon ganz gut kann, und zum Verkaufen ist eine gewisse rhetorische Begabung schon recht hilfreich).

- Versucht, auch in Bezug auf Eure Sprache auf den Gesprächspartner einzugehen. Damit meine ich nicht die Entscheidung zwischen englisch oder russisch, sondern die Art der Wortwahl und des Gesprächs-Stils. Ist der Gesprächspartner eher förmlich und distanziert, solltet Ihr ihn tunlichst nicht mit „Ey, Alter, wir woll'n in Dein' Laden mucken, ey" ansprechen. Ist er eher locker und leger, erreicht Ihr mit „Guten Tag, sehr verehrter Herr X, bitte seien Sie doch so freundlich, von unserer Demonstrations-Cassette Kenntnis zu nehmen" wahrscheinlich ähnlich wenig. Auch, um dieser Regel Genüge tun zu können, ist o.g. 60%/40%- Regel wichtig. Wenn Ihr den Veranstalter kaum zu Wort kommen laßt, könnt Ihr schlecht auf seinen Gesprächsstil eingehen, weil Ihr keine Chance habt, diesen kennenzulernen.

- Achtung beim Siezen und Duzen! Manche reagieren auf die falsche Anrede sehr irritiert. Ich mache es bei neuen Gesprächspartnern meistens so, daß ich allgemein formuliere, also eine Anrede überhaupt vermeide, bis mein Gegenüber mich anredet. Dann schließe ich mich seiner Anredeform an. Oft entsteht auch in einem Gespräch, das per „Sie" anfing, ein lockerer Draht, dann kann man auch mühelos mitten im Gespräch vom „Sie" zum „Du" übergehen. Falls Ihr mal munter drauflos-duzt und merkt, daß das beim Gegenüber nicht so gut ankommt, formuliert dieses Gefühl ruhig ausdrücklich: „O je, ich duze einfach so drauf los, ist Ihnen das überhaupt recht?". Erstens sagt das Gegenüber dann meistens „Ist o.k.", und Ihr habt eine, zumindest nachträgliche, Genehmigung des Duzens; wenn nicht, könnt Ihr jetzt zum „Sie" übergehen. Aber an einem solchen Satz spürt Euer Gesprächspartner immerhin, daß Ihr auch 'zwischen den Zeilen' zuhört, eben auf ihn eingeht.

- Geht davon aus, daß auch Veranstalter nur mit Wasser kochen, also keine unnötige Autoritätsangst haben, aber behandelt all Eure Gesprächspartner auch mit Freundlichkeit und Respekt (meiner Ansicht nach die Minimalanforderung an jede zwischenmenschliche Beziehung). Betrachtet die Veranstalter oder sonstige

Geschäftspartner nicht von vornherein als potentielle Vertrags*gegner* sondern als Vertrags*partner*, mit denen zusammen Ihr Lösungen finden wollt, die alle Beteiligten (inklusive des Publikums) fröhlich machen. Findet den goldenen Mittelweg zwischen Bettelei und Arroganz, seid souverän und sicher, aber zeigt Euch freundlich, kompromißbereit und nicht überheblich.

- Versucht, die Dinge nicht nur aus Eurer Sicht zu betrachten, sondern versetzt Euch in die Lage Eurer Gesprächspartner und versucht, echtes Verständnis für ihre Argumente und geschäftlichen Sorgen zu entwickeln. Die besten Verkäufer seid Ihr dann, wenn Ihr Lösungen für deren Probleme findet, die gleichzeitig Euch helfen. Die besten Problemlösungen sind die, bei deren Umsetzung alle Beteiligten, hier der Veranstalter, Ihr und das Publikum, alle gut beraten sind. Das setzt manchmal voraus, daß Ihr unkonventionelle Wege geht, ein bißchen um die Ecke denkt und kreative Ideen entwickelt. Aber 'business as usual' oder 'Dienst nach Vorschrift' ist nicht der Weg, um sich aus der Masse abzuheben und besser zu werden als andere.

- Zeigt Euch kompromißbereit. Wenn Ihr beim Verhandeln an einen Punkt gelangt, an dem der Veranstalter nicht nachgeben kann, ohne sein Gesicht zu verlieren, gebt ihm in diesen Punkt nach, wenn Euch das möglich ist, und überlegt, wo an anderer Stelle der Verhandlungen Ihr dann diesen in Kauf genommenen Nachteil wieder hereinholen könnt. Zum Beispiel: Ihr verhandelt die Gage und merkt, daß der Veranstalter höchst ungern mehr als 600.- DM Fixum zahlen möchte. Eigentlich wolltet Ihr mindestens 800.- DM Fixum haben, hattet aber einkalkuliert, daß Ihr für Eure Übernachtungen selbst sorgen müßt. Gebt ihm im Punkt der Fixgage nach, wobei Ihr freundlich dazusagt, daß Ihr das nur zähneknirschend tun könnt und stellt dann später sehr selbstverständlich in den Raum, daß der Veranstalter Euch auf seine Kosten 3 Doppelzimmer im Hotel buchen und bezahlen soll. In der Regel findet man auf solchen Wegen der Diskussion dann für alle Beteiligten machbare und faire Lösungen.

Hierzu noch etwas Grundsätzliches: Besonders zu Beginn Eurer Arbeit hinter den Kulissen werdet Ihr Euch an vielen Verhandlungspunkten wahrscheinlich sehr viel härter geben, als es eigentlich notwendig ist, um Euch durchzusetzen. Das ist ein typisches Anfängerphänomen. Man ist sich in der Sache, dieman da tut, noch nicht so sicher, hat noch wenig Routine und Erfahrung, weiß, daß man Vieles in der Branche noch nicht beherrscht und glaubt sich umgeben von Leuten, die das alles schon viel besser können, die viel mehr wissen als man selbst. Man fühlt sich ein bißchen ausgeliefert und will sich seine Unsicherheit nicht anmerken lassen. Nach dem Motto: 'Angriff ist die beste Verteidigung' lehnt man sich beim Verhandeln relativ schroff aus dem Fenster, um den anderen gar nicht erst auf die Idee kommen zu lassen, er könne einen 'über den Tisch ziehen'. Außerdem ist man aufgrund der mangelnden eigenen Erfahrung auch noch nicht besonders flexibel in der eigenen Argumentation, so daß einem wenig Alternativen einfallen, wenn der andere auf die eigenen Forderungen nicht direkt eingeht. Aus irgend einem Grund scheinen auch viele zu denken, Schroffheit und harte Forderungen kennzeichnen den Profi. Meiner Ansicht nach ist das ganz falsch: Freundlichkeit und Flexibilität zeichnen den Profi aus. Er beherrscht nämlich sein Metier, kann es sich erlauben, freundlich und kompromißbereit zu sein, weil er mehrere Möglichkeiten im Kopf hat, wie beide Partner dennoch auf ihre Kosten kommen, und weil er genügend Fachkenntnis hat, um sich in die Position seines Partners hineinzuversetzen. Außerdem haben Profis durch die Dauer ihrer Berufserfahrung immer wieder Gelegenheit gehabt, die Erfahrung zu machen, daß beide Partner, auch geschäftlich, mehr davon haben, eventuelle Probleme gemeinsam zu lösen, als jeder für sich im Problemfall auf sein Recht zu pochen, letztendlich aber außer 'recht' und einem zornigen Ex-Geschäftspartner (und einem wahrscheinlich nach wie vor ungelösten Problem) überhaupt nichts davon zu haben.

♦ Formuliert Dinge positiv (eine Flasche ist 'halbvoll' und nicht 'halbleer', eine Band ist 'jung, frisch und unverbraucht', nicht 'völlig unbekannt'). Wie wollt Ihr in Eurem Gesprächspartner eine positive Haltung Euch gegenüber erzeugen, wenn Ihr selbst schon sehr zögerlich oder negativ rüber kommt?

♦ Lügt nicht rum. Daß jeder beim Verkaufen ein bißchen übertreibt oder eben Dinge positiv formuliert, ist allgemein bekannt

> und gebilligt, aber nach meinen Erfahrungswerten zahlen sich echte Lügen mittelfristig nicht aus. Erzählt nicht, daß Ihr vor zwei Wochen im Nachbarort vor 5.000 Leuten gespielt habt, wenn's nicht stimmt oder wenn nicht wenigstens 3.500 Leute da waren. Das kriegt der Veranstalter sowieso raus, und dann habt Ihr massiv an Glaubwürdigkeit verloren. Außerdem finde ich's einfach nicht in Ordnung. Schließlich wollt Ihr auch nicht belogen und betrogen werden.

6.3 Der Erstkontakt zum Veranstalter

Es gibt grundsätzlich vier Möglichkeiten, Erst-Kontakt zu einem Veranstalter zu bekommen:

6.3.1 Ein Veranstalter zeigt von sich aus Interesse

Daß ein Veranstalter von sich aus Interesse zeigt und sich bei Euch meldet, wird wohl zunächst mal sehr selten der Fall sein, wahrscheinlich rennen Euch die Veranstalter noch nicht das Haus ein. Wenn doch: Vor lauter Freude nicht zappelig werden, Adresse und Telefon vom Veranstalter notieren, nach dem Termin fragen, den er wünscht, nach dem Rahmen der Veranstaltung. Geht nicht gleich erst mal um die Hälfte mit Eurer Gage runter, weil Ihr Euch so freut, sondern haltet Euch genau an den sonst auch gesteckten Rahmen.

Vermeidet 'Vorsicht, Kunde droht mit Auftrag'-Stimme am Telefon

Auch hierzu noch eine gesprächspsychologische 'Wichtig-zu-beachten-Anmerkung': **Jeder Anrufer ist ein möglicher Geschäftspartner**, der es schon in Eurem eigenen Interesse verdient, am Telefon freundlich behandelt zu werden. Wenn Ihr also angerufen werdet, meldet Euch freundlich und entgegenkommend, auch wenn Ihr gerade in eine völlig andere Sache vertieft seid und Euch zunächst mal durch den Anruf gestört fühlt. Diese Regel einzuhalten, ist im Alltag nicht immer einfach. Ich ertappe mich selbst noch manchmal dabei, daß schon die Art, wie ich mich melde, bei meinem Gegenüber als blanke Abfuhr ankommen muß, weil bei uns in der Agentur gerade Land unter ist, sämtliche Telefone gleichzeitig klingeln und ich außerdem gerade halbwegs verzweifelt versuche, ein Konzept zu Papier zu bringen. Das alles kann ein Anrufer natürlich nicht wissen, es interessiert ihn darüber hinaus auch nicht, und es ist nicht gerade geschäftsfördernd, wenn er schon durch den Tonfall, in dem man sich meldet, den Eindruck bekommt, sein Anruf sei eine Zumutung.

6.3.2 Ihr kontaktet den Veranstalter persönlich

Sicher immer die beste Methode: Man kennt sich persönlich und kann so am besten aufeinander eingehen. Info, bei Bedarf Cassette hinbringen, ein bißchen auf nett was von der Band erzählen (das, was Euch ausmacht, was Ihr Besonderes zu bieten habt, erzählen, wenn Konzerte in letzter Zeit gut gelaufen sind oder wenn ihr mit sonstigen werbewirksamen Argumenten aufzuwarten habt usw.); nachfragen, wann man sich wieder sprechen will (persönlich/telefonisch), um zu hören, ob und wann ein Gastspiel möglich ist. Nachteil dieser Methode: Sie ist natürlich auf einen Veranstalterkreis in ziemlich geringem Radius begrenzt. Ihr könnt ja nicht überall rumfahren, um Tapes abzuliefern. Aber: Freunde besuchen in Köln? Cassetten, Infos mitnehmen, einige Läden im Vorbeigehen mitnehmen - Omas Geburtstag in Krefeld? Auch da kann man sicher auftreten. Also: Cassetten, Infos... (ein guter Agent ist immer im Dienst!).

6.3.3 Schriftlicher Kontakt

Taugt als Erstkontakt für Newcomer-Bands meistens nur von hier bis zum Papierkorb des Veranstalters. Später, wenn man sich kennt, und wenn's dann was Neues zu berichten gibt, oder eine Anfrage von Euch: „Wann wollen wir denn mal wieder zusammen ein Konzert machen?", reicht oft ein Brief. Aber meine Erfahrungen mit 'mailings', so nennt man schriftliche Erstkontakte, für relativ unbekannte Bands sind absolut mies.

6.3.4 Ihr kontaktet den Veranstalter telefonisch

1. **Fragt** nach demjenigen, der für die **Programmplanung zuständig** ist (Booker); es hat wenig Sinn, dem Putzpersonal die ganze Geschichte zu erzählen; wenn er nicht da ist, fragt, wann Ihr ihn erreichen könnt, das spart überflüssige Anrufe. Name des Ansprechpartners in die Karteikarte/den Datensatz eintragen.

2. **Stellt Euch und vor allem den Namen Eurer Band deutlich vor** (nicht nuscheln; natürlich wißt Ihr selbst, wie Ihr heißt, aber Euer Gegenüber nicht, und schließlich soll er den Bandnamen ja kennenlernen und am besten nie wieder vergessen), **fragt nach Musikrichtungen**, die in dem Laden live veranstaltet werden und nach der **Publikumskapazität**; oft erledigen sich dann weitere Gespräche

schon, weil's für Euch nicht paßt. Das Wissen um die Menge der möglichen Zuschauer ist auch für die Gagenforderung wichtig. Ein Laden, in den 50 Leute reingehen, und in dem nie mehr als DM 5.- Eintritt genommen werden, wird kaum DM 2000.- Gage zahlen können, es sei denn er ist städtisch gefördert o.ä.

3. **Stellt Eure Band/Eure Musik, Eure Besonderheiten (!) vor**, bietet dem Veranstalter an, Info und Demo zu schicken und fragt, wann Ihr wieder anrufen sollt. Laßt nicht ihn zurückrufen, das machen die Veranstalter sowieso fast nie.

4. Fragt, ob in dem Laden **PA und Licht** ist; es wirkt sich ja auf Eure Gagenforderung aus, ob Ihr die Anlage selbst mitbringen müßt oder nicht.

5. Fragt auch ruhig nach der **Gagenhöhe**, die der Veranstalter zahlen kann. Die häufigste Antwort, die Ihr dann bekommt, ist: "Das kommt auf die Zugkraft der Gruppe an", aber manche Läden können einfach über eine bestimmte Gagenhöhe nicht hinaus, z.B., weil sie so klein sind oder wenig Etat haben (Vereine, Jugendzentren usw.). Überlegt, ob das Venue dann für Euch noch in Frage kommt, überlegt Euch auch genau, ob Ihr ggfs. bereit seid, auf Eintritt zu spielen. Noch mal: Laßt Euch nicht unter Euer Minimum drücken, wenn es sich nicht gerade um einen wichtigen Promotion-Auftritt handelt! Sagt lieber mal 'nein', als Euch ständig unter Preis zu verkaufen. Begebt Euch nicht in die Bittsteller-Position. Denkt daran: Eure Musik ist gut, ihr bietet Kunst an, und der Veranstalter braucht Euch genauso wie Ihr ihn. Letztendlich tut Ihr ihm auch einen Gefallen, wenn Ihr bei ihm spielt, nicht nur er Euch - auch wenn sich das in der Praxis oft anders anfühlt. Bei Gagenverhandlungen ist viel Fingerspitzengefühl nötig.

Telefon-Simulationen

Wie gesagt, **für Telefon- und Verhandlungsarbeit ist viel Fingerspitzengefühl und vor allem noch mehr Übung und Routine nötig**. In den Wochenend-Seminaren, die ich sonst zu diesen Themen gebe, machen wir deshalb auch immer **Telefon-Simulationen** (Das klingt albern, bringt aber allen Beteiligten mehr als der ganze Rest des Seminars - so sagen jedenfalls regelmäßig die Seminarteilnehmer). Und das geht so:

- Einer spielt den Veranstalter, einer den Agenten einer Band bzw. den Musiker, der seine eigene Band verkaufen will.
- Beide Gesprächspartner bekommen vor Beginn einige Vorgaben (man einigt sich darauf, wo das Venue ist, bei dessen Veranstalter angerufen wird, was der 'Agent' schon vor dem Gespräch über das Venue weiß) und vielleicht bekommt der 'Veranstalter' noch einige zusätzliche Vorgaben, die der 'Agent' im Vorfeld nicht mithören darf, weil er sie im Gespräch herausbekommen soll, (z.B. bezüglich grundsätzlicher Gagenobergrenze, Publikumskapazität...)
- Beide sitzen so zueinander, daß sie sich nicht sehen können (ganz wichtig, denn sowie es Augenkontakt gibt, verläuft ein Gespräch völlig anders als ein (simuliertes) Telefongespräch).
- Beide, 'Agent' und 'Veranstalter', bekommen einige Minuten Zeit, sich mental auf das Gespräch vorzubereiten, sich vielleicht bei Bedarf einige Notizen zu machen.
- Der 'Agent' 'ruft' bei dem 'Veranstalter' an und stellt den telefonischen Erstkontakt für einen möglichen Auftritt der Band her, die anderen Anwesenden hören den beiden 'Telefonierenden' aufmerksam zu, machen sich Notizen, was an dem Gespräch sie gut finden, und was man ihrer Meinung nach noch besser machen kann (möglichst, ohne in brüllendes Gelächter auszubrechen, es ist auch so schon schwierig genug, in einer so künstlichen und beobachteten Situation vor Aufregung nicht einen Herzkasper zu bekommen und vernünftig zu argumentieren).
- Es kann durchaus sinnvoll sein, das 'Telefonat' per Cassettenrecorder mitzuschneiden, um hinterher besser darüber reden zu können.
- Nach Beendigung des 'Telefonats' reflektieren zunächst die beiden Gesprächspartner selbst, was ihrer eigenen Meinung nach gut war, und was man noch besser machen könnte. Die Reflexion soll sich auf das Gesagte, das eventuell Vergessene, den Gesprächsstil, die Gliederung des Gesprächs, Tonfall usw. beziehen.
- Danach ergänzen die Zuhörenden das Gesagte. Wenn es einen Gesprächsleiter gibt, sagt er als letzter etwas dazu.

Macht diese Telefon-Simulationen im Freundeskreis, besser noch innerhalb der Band. Das hat mehrere Vorteile: Zum einen setzen sich dann wenigstens ab und zu mal alle Bandmitglieder mit den Problemen auseinander, die ein Booker hat - oft wird die Arbeit des 'Agenten' in der Band von den anderen nämlich mächtig unterschätzt; die Nicht-Booker sehen ja nur das Ergebnis, nämlich die (aus Sicht der anderen, meist zu wenigen) tatsächlich gebuchten Konzerte; was für ein mühsamer Weg es ist, Konzerte zustande zu bekommen, kriegen sie gar nicht mit. Außerdem können die eigenen Bandmitglieder am kompetentesten den Katalog der Argumente ergänzen, die für ein Engagement Eurer Band sprechen, weil sie selbst in dem Projekt mit drinstecken. Und: Ihr kennt Euch untereinander ganz gut, wißt wahrscheinlich auch, wo argumentative Schwächen und Stärken des 'Agenten' liegen, könnt ihn auf seinem Weg, sicherer zu werden, aktiv unterstützen.

Jeder sollte möglichst mal beide Rollen durchspielen, auch wenn seine Aufgabe in der Band eigentlich nicht das Buchen von Auftritten ist. Praktische Übung ist wie überall im Leben besser als theoretisches Wissen-Aneignen. Diese Simulation eignet sich natürlich für alle Phasen des telefonischen Verhandelns:

- Telefonischer Erstkontakt
- Telefonisches Nachhaken
- Vertragsverhandlung und -abschluß

6.4 Telefonisches Nachhaken

Nicht die persönliche Meinung des Veranstalters zu Eurer Musik ist interessant, sondern seine geschäftsmäßige Einschätzung eines Engagements Eurer Band.

Wenn Ihr den Veranstalter wieder anruft, um zu hören, ob er Euch engagieren will, achtet auch hier auf Eure Formulierungen und bringt ein echtes Gespräch zustande.

Fragt nicht, ob dem Veranstalter Euer Tape gefallen hat, sondern, ob die Musik ins Veranstaltungskonzept des Ladens paßt. Warum?:

Zum einen ist der Veranstalter nicht nach seiner persönlichen Meinung gefragt; Eure Musik muß ihm nicht gefallen, er soll nicht Fan von Euch werden, sondern entscheiden, ob Eure Musik für das Venue geeignet ist. Durch die Frage, ob er meint, daß die Musik ins Venue passe, sprecht Ihr ihm einerseits geschäftliche Kompetenz zu. Gleichzeitig bringt Ihr das Gespräch damit auf die Ebene eines Gesprächs zwischen zwei Geschäftspartnern, weil Ihr Euch selbst sozusagen als Profis verhaltet, die wissen, daß es hier nicht um Gefallen oder Nicht-Gefallen, sondern um konzeptionell passend oder nicht passend geht.

Und auch hier gibt es eine psychologische Ebene zu beachten: Angenommen, dem Veranstalter persönlich gefällt Eure Musik nicht so gut (nichtsdestotrotz würde er Euch engagieren, wenn man sich in allen Verhandlungspunkten einigt), dann würdet Ihr ihn mit Eurer Frage nach persönlichem Gefallen in eine 'Nein'-Stimmung hineinmanövrieren (wenn auch auf persönlicher Ebene), aus der heraus er wahrscheinlich nicht mehr so verhandlungsbereit ist, als hättet Ihr diese Frage einfach vermieden. Ihr ruft ihm ggfs. geradezu noch mal ins Gedächtnis, daß er die Musik ja eigentlich nicht gut findet. Muß ja nicht sein.

Auf Eure Frage also, ob er sich Euer Demo-Tape schon angehört hat und ob er denkt, daß Eure Band ins Veranstaltungskonzept des Venues paßt, bekommt Ihr verschiedene Sorten von Antworten:

1. „Hab mir das Material noch nicht angehört":

Passiert oft! Versucht, nicht allzu genervt zu sein, bleibt an dem Veranstalter dran und fragt, wann Ihr wieder anrufen sollt; passiert's zu oft, vergeßt den Veranstalter. Wenn er schon beim Anhören so unzuverlässig ist, kann man sich vorstellen, wie er seine Konzerte, sollten sie dann zustande kommen, vorbereitet und organisiert!

2. „Nein, paßt nicht ins Veranstaltungskonzept":

Seid nicht unbedingt beleidigt, sondern macht das Beste für Euch draus:

Fragt, warum, inwiefern es nicht ins Konzept paßt (Konstruktive Kritik ist nicht immer das Schlechteste).

Fragt, ob zu einem späteren Termin ein Gastspiel möglich wäre; manchmal sind die Veranstalter nur gerade jetzt so im Streß, daß sie alles abblocken.

Fragt ohne Scheu, ob der Veranstalter einen anderen Auftrittstip für Euch in der Nähe hat (siehe Adressenbeschaffung).

3. „Nein, können wir uns nicht leisten":

Überlegt, ob an der Gage, über die vorher gesprochen wurde, von Eurer Seite was zu ändern ist, geht ggfs. vorsichtig runter, macht zunächst nur kleine Abstriche, manchmal nickt ein Veranstalter schon, wenn er die Übernachtung nicht zu bezahlen braucht, weil Ihr private Freunde vor Ort habt o.ä.. Bringt ihm Argumente, warum Ihr bereit seid, mit der Gagenforderung **runter**zugehen (hochgehen könnt Ihr sowieso nie, wenn Ihr Euch einmal auf einen Preis festgelegt habt) - z.B. weil Ihr die PA nicht zu bezahlen braucht, weil sie da ist, weil Ihr ohne große Probleme 'ihm zuliebe' privat übernachten könnt o.ä. Wenn Ihr Euch ohne triftige Gründe runterhandeln laßt, werdet Ihr unglaubwürdig, weil der Veranstalter sich dann fragt, warum Ihr erst Summe x fordert, wenn Ihr auch problemlos noch für nur y spielen könnt - Viele fühlen sich dann, zurecht, übervorteilt. Laßt Euch aber nicht in untragbare Gagenbereiche drücken. Dann eben nicht. Weiterfragen wie unter 2.

4. „Ja, aber die Konditionen müssen noch geklärt werden":

Wuuundervoll!!! Besprecht mit dem Veranstalter alle wirklichen wichtigen Details. Auch wenn er in Eile wirkt, klärt alle wesentlichen Einzelheiten telefonisch, bevor Ihr die Verträge losschickt. Ruft zu diesem Zweck dann lieber später noch mal an. Es gibt vor Ort dann noch genug zu organisieren und improvisieren, daher ist es gut, wenn möglichst viel vorher abgesprochen und zum Vertragsinhalt gemacht wurde. Benutzt am besten gleich beim Telefonieren eine Vertrags-Checkliste, in die Ihr alle Eckdaten des Vertrags gleich handschriftlich eintragt. So seid Ihr sicher, keine Fragen vergessen zu haben, die dann zusätzliche Anrufe nötig machen, und könnt beim Ausfüllen der Verträge gleich an der Checkliste entlangschreiben.

Vertragscheckliste bereit halten

Wenn mehrere Termine für Euer Konzert zur Auswahl stehen, wählt nicht immer den nächstliegenden, sondern fragt z.B., welche anderen Gruppen (vor allem mit ähnlicher Zielgruppe wie der Euren) im zeitlichen und örtlichen Umfeld Eurer möglichen Termine spielen, damit diese Euch nicht Zuschauer abziehen; sorgt dafür, daß, wenn irgend möglich, mindestens **6 Wochen zwischen Vertragsabschluß und Gastspiel** liegen, damit auch die Stadtmagazine und überregionalen Musikzeitschriften mit langem Redaktionsvorlauf den Veranstaltungstermin noch aufnehmen können; wenn Ihr von großen **Fußballspielen** im Fernsehen o.ä. wißt, versucht, nicht gerade an diesen Abenden zu spielen, dann kommen immer sehr viel weniger Leute.

Der nächstliegende Konzert-Termin ist nicht immer der für Euch beste.

Und natürlich, wenn Ihr schon einen anderen Auftritt in der Nähe habt, versucht, die beiden **Termine zu koppeln,** spart Fahrtkosten

(Achtung! Regional nicht zu nah aneinander, sonst zieht ein Konzert dem nächsten Zuschauer ab; checkt das mit dem Veranstalter, der weiß am besten, mit welchen anderen Läden sich der seine 'beißt').

Sprecht ausdrücklich mit dem Veranstalter über alle Forderungen, die Ihr habt (Gage *plus* Mwst., daß Ihr ein warmes Essen auf seine Kosten haben möchtet, daß Ihr für fehlende Aufbauhelfer Geld berechnet, was er für Plakate zahlen soll (manche weigern sich dazu grundsätzlich, Ihr müßt wissen, ob Ihr den Gig dann platzen laßt oder die Plakate halt selbst bezahlt).

Veranstalter reagieren ziemlich sauer (m.E. völlig zu Recht), wenn Sie mit Euch zu bestimmten Konditionen abgeschlossen haben und im 'Kleingedruckten' des Vertrages dann plötzlich noch zig andere Forderungen finden. Stellt Euch von Anfang an den Diskussionen zu all diesen Punkten, handelt wirklich alle Kosten und sonstige Konditionen aus. Denkt daran, es ist nicht heikel oder peinlich, sachlich über finanzielle Forderungen zu sprechen, denn Eure Forderungen sind berechtigt, und im allgemeinen weiß der Veranstalter, was an Nebenkosten auf ihn zukommt, wenn er Euch engagiert.

Alle Eure Forderungen bereits beim Vertragsabschluß benennen und diskutieren

Vertrags-Checkliste

Termin: _____, _____   **Vertr.-Nr.:** _____

Veranstalter: _____

Vertragspartner:
Name: _____
Vertreter: _____
Str.: _____
Ort: _____ _____
☎ _____
Fax: _____

Venue:
Name: _____
Str.: _____
Ort: _____ _____
☎ _____
Fax: _____

Raum: ❏ Saal ❏ Zelt ❏ Open Air Sonstiges: _____
Kapazität: _____ Personen   **Bestuhlt:** ❏ Nein ❏ voll - ❏ teil-
Bühne: ____ x ____ m, ____ m hoch, ____ m lichte Höhe   **Gitter:** ❏ Ja ❏ Nein

Honorar:
Netto-Gage: DM _____
Plakatkosten: DM _____
_____ kosten: DM _____
_____% Mwst.   DM _____
Verzehrpausch.   DM _____
Brutto-Honorar   DM _____

Eintritts-Beteiligung: ❏ +
____% ab DM _____
____% ab DM _____

Technik/Personal:
Der Veranstalter stellt:
PA: ❏ ja ❏ nein   **Licht:** ❏ ja ❏ nein
FOH: ❏ ja ❏ nein **Licht-Mixer:** ❏ ja ❏ nein
Monitor-Mix: ❏ ja, separat ❏ = FOH ❏ nein
Zahl der Hands: _____

Übernachtungen:
Vom: _____   **Zum:** _____
Für: ____ Personen in ____ **DZ** und ____ **EZ**
Art der Übernachtung: _____

Eintrittspreise:
VVK DM _____   VVK erm. DM _____
AK DM _____   AK erm. DM _____

Promotion-Material:
_____ Infos _____ Fotos _____ Poster
Sonstiges: _____

Zeitlicher Ablauf:
Show-Time: _____ - _____ h   Dauer: ___ x _____ Min.
                                          Pausen: ___ x _____ Min.
Ankunft Künstler: _____ h   Publikums-Einlaß: _____ h
Ankunft Backline: _____ h   Sound-Check: _____ - _____ h
Ankunft Technik: _____ h   Essen: ___ x _____ um _____ h

Sonstige Vertragsvereinbarungen:
_____
_____

PA-Firma: _____
Hotel: _____

6.5 Die Vertrags-Checkliste mit Erläuterungen

Termin:
Wochentag und genaues Datum eintragen;

Vertragsnummer:
Numeriert Eure Verträge durch; bei uns besteht die Vertragsnummer aus einer laufenden Nummer, dem Auftrittsmonat und dem Auftrittsjahr, das macht spätere Sortierarbeiten leichter;

Veranstalter:
Hier tragt das Suchwort ein, unter dem Ihr den Veranstalter abgelegt habt;

Vertragspartner:
Genaue Firmierung, Straße, Gesetzlicher Vertreter des Veranstalters mit Vor- und Zuname; Postleitzahl, Ort, Telefon- und Faxnummern;

Venue:
Genauer Name, Anschrift (Hier auf keinen Fall eine Postfachnummer, sondern die Straße des Venues eintragen, sonst findet Ihr den Laden nicht), Telefon- und Faxnummern des Venues;

Raum:
Ankreuzen, ob die Veranstaltung im Saal, im Zelt oder Open Air stattfindet; falls sie z.B. unter Wasser stattfindet, tragt das unter Sonstiges ein;

Kapazität:
Wieviele Personen passen max. während Eures Konzerts in das Venue?

Bestuhlt:
Ankreuzen, ob das Venue während Eures Konzerts nicht bestuhlt, vollbestuhlt oder teilbestuhlt ist. (Das wirkt sich auf die Kapazität, die Akustik und die Konzertatmosphäre aus; gut, vorher zu wissen bzw. zu diskutieren).

Bühne:
Bühnenmaße eintragen, z.B. 8 m (breit) x 4 m (tief) x 1 m hoch, 4 m Lichte Höhe (= Bühnenoberkante bis Deckenunterkante; das ist wichtig zu wissen für Licht-Techniker, damit sie wissen, wie hoch sie das Bühnenlicht hängen können);

Gitter:
Ankreuzen, wenn Ihr mit dem Veranstalter ausgehandelt habt, daß vor der Bühne und am Mischpult aus Sicherheitsgründen Gitter postiert werden;

Honorar:

Nettogage:
DM-Betrag des vereinbarten Netto-Honorars (d.h. Honorar zuzüglich Umsatzsteuer) eintragen; hier wird sowohl ein eventuelles Fixum als auch eine Garantie (Ausführlicher dazu in den Erläuterungen zum Gastspielvertrag) eingetragen;

Plakatkosten:
Falls der Veranstalter Euch Kosten für bestellte Poster erstattet, wird hier der DM-Betrag dafür eingetragen;

...-kosten:
Platz für sonstige Kosten, die Euch der Veranstalter erstattet, z.B. Fahrtkosten oder die Kosten für eine Ton-/Licht-Anlage, wenn Ihr diese selbst mitbringt. Links wird die Art der Kosten benannt, rechts wird der DM-Netto-Betrag eingetragen;

...% Mwst.:
Hier kommt die Umsatzsteuer rein; links der z.Zt. gesetzliche Prozentsatz der Umsatzsteuer (z.Zt. sind 15% Mwst. gesetzlich vorgeschrieben); rechts der DM-Betrag: Ihr addiert (nach dem Telefonieren mit dem Veranstalter, sonst dauert das Gespräch anfangs wahrscheinlich ewig) alle bisher genannten Kosten, nehmt sie mit 0,15 mal und habt den Umsatzsteuerbetrag (Falls Ihr über einen Taschenrechner mit %-Taste verfügt, könnt Ihr natürlich auch einfach die addierte Summe mal 15% nehmen);

Verzehrpauschale:
Sie wird unter der bereits errechneten Umsatzsteuer als Brutto-Betrag eingetragen, weil Verzehrpauschalen immer inklusive Mwst. ausbezahlt werden (Im Restaurant bekommt Ihr ja auch Rechnungen mit Brutto-Beträgen und müßt nicht erstmal die Umsatzsteuer dazurechnen, wenn Euch der Ober die Rechnung bringt);

Brutto-Honorar:
Hier werden alle Beträge addiert, sprich: Die Nettokosten, die Umsatzsteuer und die Verzehrpauschale; das ist der Betrag, den Ihr am Abend der Show in die Hand gedrückt bekommen solltet (es sei denn, Ihr seid noch an den Eintrittseinnahmen beteiligt, dann ändert sich der Endbetrag ggfs.);

Eintrittsbeteiligung:
+: Ankreuzen, wenn Ihr die Eintrittsbeteiligung zusätzlich zum Fixum bekommt, nicht ankreuzen, wenn es sich beim vorher genannten

Honorar um eine Garantie handelt;

...%

Wieviel Prozent der Netto-Eintrittseinnahmen erhaltet ihr? Hier könnte z.B. stehen: 60%;

ab:

Manchmal erhaltet Ihr nicht vom ersten Zuschauer an eine Beteiligung an den Eintrittseinnahmen, sondern erst ab einem gewissen Betrag. Dies geschieht, damit der Veranstalter die Möglichkeit hat, zumindest einen Teil seiner Kosten einzuspielen, bevor er Euch an seinen Einnahmen beteiligen muß. Hier wird also der DM-Betrag eingetragen, ab dem Ihr an den Eintrittseinnahmen teilhabt. Wenn hier also steht: Ab DM 3.000.- dann bedeutet das, daß Ihr o.g. prozentuale Beteiligung ab jeder Mark bekommt, die ab der 3.001. Mark netto (d.h. abzügl. 7% Mwst.) in der Eintrittskasse sind;

...% ab:

Manchmal gibt es Staffelungen bezüglich Eurer Beteiligung an den Eintrittseinnahmen. Wenn der Veranstalter all seine Kosten und einen gewissen Gewinn eingespielt hat, und wenn das Konzert über Erwarten gut besucht ist, kann man manchmal ab einem zweiten Break Even Point eine höhere Eintrittsbeteiligung aushandeln. Hier könnte z.B. stehen: 70% ab DM 10.000.- Das bedeutet dann, daß Ihr von der 3.001. Mark an bis DM 10.000.- 60% der Netto-Eintrittseinnahmen bekommt (siehe oben) und ab der 10.001. Mark der Netto-Einnahmen 70%.

Eintrittspreise:

VVK DM:

Eintrittspreis des Konzerts im Vorverkauf ohne Vorverkaufsgebühren;

VVK erm.:

Ermäßigter *(erm.)* Eintrittspreis des Konzerts im Vorverkauf ohne Vorverkaufsgebühren;

AK DM:

Eintrittspreis des Konzerts an der Abendkasse;

AK erm.:

Ermäßigter (erm.) Eintrittspreis des Konzerts an der Abendkasse;

Technik/ Personal:

Veranstalter stellt:

PA (Tonanlage);

Licht (Lichtanlage);

FOH: (Frontmixer);
Licht-Mixer;
Diese Punkte ankreuzen, wenn sie vom Veranstalter gestellt werden;

Monitor-Mix:
Ankreuzen, was zutrifft:
Ja, separat (es wird ein separater Monitor-Mix mit Mixer gestellt);
= FOH (Der Monitor-Mix wird vom Front-Pult aus mitgemacht);
Nein (Es gibt gar keinen Monitor-Mix)

Zahl der Hands:
Hier die *Anzahl* der vom Veranstalter gestellten Aufbauhelfer eintragen, die Ihr mit ihm ausgehandelt habt;

Übernachtungen:
Vom: Tag der Anreise   *Zum:* Tag der Abreise
Für ... Pers. (Für wieviel Personen)
Dz: ... (Wie viele Doppelzimmer)   *Ez: ...* (Wie viele Einzelzimmer)
Wo: ... Hier tragt Ihr ein, um welche Art der Übernachtung es sich handelt: Hotel/Pension, Privat-Übernachtungen, keine Übernachtungen;

Promo-Material:
Wieviele *Infos, Fotos, Poster, Sonst* (Sonstiges, z.B. Tonträger) benötigt der Veranstalter für seine regionale Promotion?

Zeitlicher Ablauf:
Show-Time:
Von wieviel Uhr bis wieviel Uhr (exklusive Zugaben) seid Ihr auf der Bühne? Z.B.: 21:00 Uhr bis 22.30 Uhr;

Ankunft Künstler:
Um wieviel Uhr kommen die Künstler im Venue an?

Ankunft Backline:
Um wieviel Uhr kommt Eure Backline im Venue an?

Ankunft Technik:
Um wieviel Uhr kommt Eure PA und Euer Licht an, wenn Ihr die Technik mitbringt?

Dauer:
Wieviele Sets à wieviel Minuten spielt Ihr? Z.B.: 1 x 90 Minuten, 2 x 45 Minuten;

Pausen:
Wieviele Pausen von jeweils welcher Dauer habt Ihr zwischen Euren Sets? Z. B.: 1 x 20 Minuten;

Publik.-Einlaß:
(Publikums-Einlaß). Um wieviel Uhr werden die Türen für die Zuschauer geöffnet?

S-Check:
(Soundcheck). Von wann bis wann dauert Euer Soundcheck?

Essen: ... x ...., um ... h
Für wieviel Personen gibt es Essen? In welcher Form? Wir haben hierfür auch Kürzel erfunden, man kann beim Telefonieren nicht alles ausschreiben:

> w.i.Hs. (warmes Essen im Haus),
> k.i.Hs. (kaltes Essen im Venue),
> Bon (es gibt Verzehrbons),
> pau (es gibt eine Verzehrpauschale),
> nein (es gibt kein Catering);

Um wieviel Uhr gibt es Essen?

Sonstige Vertragsvereinbarungen::
Wenn Ihr Besonderheiten mit dem Veranstalter ausgehandelt habt, tragt sie hier ein, um sie unter 'Sonstiges' in den Gastspielvertrag übernehmen zu können.

PA-Firma:
Name, Ansprechpartner, Telefon- und Faxnummern, wenn der Veranstalter die Technik stellt;

Hotel:
Adresse und Telefon-, Faxnummern des Hotels;

Der Gastspielvertrag 7

Stellt Euch Vertragsformulare als Vordruck her, die bis auf die von Konzert zu Konzert unterschiedlichen Eckdaten bereits alles Notwendige enthalten. **Kopiert** noch nicht ausgefüllte Vertrags- und Bühnenanweisungsvordrucke in größerer Anzahl, damit Ihr dann bei Vertragsabschluß nur noch die Eckdaten einzutragen braucht, die Ihr der beim Telefonieren handschriftlich ausgefüllten Vertrags-Checkliste entnehmt. Diese Eintragungen solltet Ihr mit Schreibmaschine oder Computer machen, handschriftlich ausgefüllte Verträge sind oft unleserlich und machen auf keinen Fall einen besonders professionellen Eindruck.

Vertragsvordrucke vorrätig haben

Im Anhang findet Ihr Muster von Gastspielverträgen und Bühnenanweisungen.

Ich werde nur auf die Vertragskonstellation eingehen, in der zwischen dem Örtlichen Veranstalter und den Künstlern bzw. deren Vertreter direkt ein Gastspiel-Vertrag geschlossen wird. Hier all die Vertragsvariationen zu bearbeiten, die entstehen, wenn ein Tourneeveranstalter bzw. eine Gastspieldirektion zwischengeschaltet ist, würde zu weit führen.

Die Vordrucke sind juristisch einigermaßen wasserfest, und ich habe sie Euch so neutralisiert, daß Ihr sie, wenn Ihr wollt, **direkt kopieren und verwenden** könnt. Laßt Euch nicht von der Länge meiner Verträge abschrecken. Sie enthalten dafür so ziemlich alles Wichtige. Ich kenne auch kaum Veranstalter, die darüber mosern; wenn doch, erklärt ihnen, daß es nur zu Eurer beider Sicherheit sei, daß gute Regelungen im Vorfeld später viel Ärger ersparen. Dem Argument, das Veranstalter dann manchmal bringen, daß Verträge für einen Prozeß sowieso nie etwas taugen, wenn es dazu kommt (damit haben sie sogar meistens Recht, denn der eigentliche Streitpunkt ist dann meistens nicht vertraglich geklärt), könnt Ihr auch begegnen: Sinn der Vertragsregelungen ist weniger der Prozeßfall, sondern mehr der einer Art **'Merkzettels'** für alle Beteiligten, was abgesprochen und was noch organisiert werden muß. Ein guter Vertrag kann also sogar Arbeit erleichtern und nicht zusätzliche machen. Falls Euch die Verträ-

Gute ausführliche Verträge sind für alle eine Hilfe, keine Last.

ge dennoch zu umfangreich oder sonstwas erscheinen, übernehmt halt nur die Passagen, die Euch sinnvoll erscheinen.

Kopiert die ausgefüllten Vordrucke je zweimal (einmal dann später für Euch, einmal für den Veranstalter), und **schickt dem Veranstalter** die noch *nicht* unterschriebenen zwei Exemplare (damit der Veranstalter nicht in dem bereits von Euch unterschriebenen Vertragswerk Änderungen vornehmen kann) mit der Bitte um Ergänzung und Unterschrift und umgehende Rücksendung an Euch zu.

Der Veranstalter muß die *beiden* Gastspielverträge und *eine* **Bühnenanweisung unterschreiben und zurückschicken** Die zweite Bühnenanweisung braucht er nicht zurückzuschicken, weil er ja Eure Unterschrift darunter nicht benötigt, sondern kann sie gleich seinen Haustechnikern oder -Organisatoren für die technische und organisatorische Vorbereitung Eures Konzerts geben.

Im Gastspielvertrag tragt Ihr einen **Termin** ein, wann der **unterschriebene Vertrag wieder bei Euch** sein soll (gebt dem Veranstalter, wenn möglich, zwei bis drei Wochen zur Bearbeitung); legt Euch dieses Datum im Terminkalender gleich beim Losschicken auf Termin, checkt dann, ob der Vertrag zurück ist, wenn nicht, **hakt sofort beim Veranstalter nach**.

Nicht termingerecht vom Veranstalter zurückgeschickten Verträgen hinterher telefonieren und -faxen!

Einige Veranstalter (das ist, Gott sei Dank, die Ausnahme) schicken ewig lange die Verträge nicht zurück und erklären Euch dann zwei Wochen vor dem geplanten Auftritt (wohlgemerkt zu einem Zeitpunkt, an dem Ihr garantiert keine Chance mehr habt, eine andere Show an diesem Tag zu buchen), daß sie die Abmachungen nur als Angebot begriffen haben und die Show nach reiflichen Überlegungen lieber doch nicht machen wollen. Natürlich könnt Ihr dann zurecht argumentieren, daß auch ein mündlicher Vertrag, den Ihr ja am Telefon mit ihnen geschlossen habt, rechtsgültig ist. Allerdings habt Ihr meiner Erfahrung nach null Chancen, vor Gericht zu beweisen, daß dieser Vertrag abgeschlossen wurde. Wenn Ihr klagt, müßt *Ihr* nämlich beweisen, daß ein (mündlicher) Vertrag existiert hat, was fast unmöglich ist. Nicht der Veranstalter muß beweisen, daß kein Vertrag existierte. Ihr habt also dann eigentlich nur die Möglichkeit, mega-wütend zu werden, Eure Hilflosigkeit und Ohnmacht zu verfluchen und Euch dem nächsten Veranstalter zuzuwenden, der hoffentlich ein geraderes Geschäftsgebaren an den Tag legt. Sämtliche Prozesse, die ich aufgrund mündlich geschlossener Verträge geführt

Nur mündlich geschlossene Verträge können kaum eingeklagt werden.

habe, habe ich sang- und klanglos verloren (dadurch hatte ich dann natürlich zusätzlich zu den ausgefallenen Gagen auch noch Gerichts- und Rechtsanwaltskosten an der Backe - das geht ganz schön ins Geld!). Das Geschäftsgebaren der 'exotischen' Pop-Musikbranche ist für die allermeisten Richter einfach noch so fernab ihrer Welt und Vorstellungskraft, daß sie solche Klagen dementsprechend mit teilweise sehr merkwürdigen Begründungen abschmettern.

Ihr könnt Euch ein wenig Rechtssicherheit verschaffen, indem Ihr die Eckdaten eines Gastspielvertrags in einer kurzen **Fax-Bestätigung** festhaltet, sie dem Veranstalter zufaxt und ihm darin auch mitteilt, daß Ihr sofort nach Rück-Erhalt der unterschriebenen Fax-Bestätigung die Verträge zuschickt. Gestaltet diese Fax-Bestätigungen optisch sehr übersichtlich. Die Rücksendung der unterschriebenen Verträge seitens der Veranstalter dauert oft nur deshalb so lange, weil die Verträge viel unübersichtlichen Lese-Stoff bedeuten, was man gern erst mal 'ne Weile vor sich her schiebt.

Per Fax-Bestätigung Eckdaten vorab schriftlich bestätigen lassen.

Ein dann auch von Euch unterschriebenes Vertragsexemplar (das ohne die Bühnenanweisung, denn Ihr braucht ja das mit der Unterschrift des Veranstalters) schickt Ihr an den Veranstalter zurück. Natürlich versteht es sich von selbst, daß auch Ihr nicht die bereits vom Veranstalter unterschriebenen Exemplare nachträglich ändert.

Manche Veranstalter unterschreiben auch heute noch grundsätzlich keine schriftlichen Verträge; überlegt gut, ob Ihr im jeweiligen Fall das Risiko eingehen wollt, ohne Vertrag hinzufahren und dann eventuell vor verschlossenen Türen zu stehen, ohne irgendwas in der Hand zu haben. Ich kann davon nur abraten, es sei denn, Ihr kennt den betreffenden Veranstalter wirklich sehr gut und wißt, daß er sich auch ohne schriftliche Abmachung an alle Vereinbarungen erinnert und sie einhält.

Vereinbarung für Künstlerauftritt

zwischen	und der GbR
vertreten durch: ☎ Fax: - im folgenden Veranstalter genannt -	vertreten durch: - im folgenden Künstler genannt -

Dieser Vertrag bestätigt die zwischen Veranstalter und Künstler getroffenen folgenden Vereinbarungen:

1. Der Veranstalter verpflichtet die Künstler für ein Konzert. Die Künstler unterliegen weder in der Programmgestaltung noch in ihrer Darbietung Weisungen des Veranstalters.

Konzert-Termin: | Anschrift Auftrittsort:

Termin: ....
Konzert von .... bis .... Uhr.
Spieldauer: .... Min., ... Pausen
Das Konzert findet statt ....

☎

2. Der Veranstalter zahlt folgendes Honorar:

2.1 Festhonorar:

Netto-Honorar: DM ....
Plakatkosten: DM ....
.... kosten: DM ....
.... % Mwst.: DM ....
Verzehrpauschale: DM _____

Gesamtsumme: DM _____

in Worten:

❑ **2.2** Darüber hinaus erhalten die Künstler folgende **Beteiligung an den Eintrittseinnahmen:**
❑ **2.2** Die Künstler erhalten folgende **Beteiligung an den Eintrittseinnahmen**, mindestens jedoch nebenstehende Garantie:

.... % aller Netto-Eintrittseinnahmen (Brutto-Eintrittseinnahmen abz. 7% Mwst.) zuzgl. 15% Mwst.,
❑ die DM .... überschreiten.
❑ ab .... zahlenden Zuschauern.
2.3 Der **Eintrittspreis** (abzgl. VVK-Gebühr) beträgt:
Vorverkauf: DM .... erm.: DM ....
Abendkasse: DM .... erm.: DM ....
2.4 Maximale Besucherzahl: .... Personen
2.5 .... **Tickets** stellt ❑ Künstler ❑ Veranstalter

2.6 Die Kosten für Getränke und Catering für die Künstler und ihre Hilfskräfte trägt der Veranstalter.
❑ **2.7** Die Übernachtungs- und Frühstückskosten für Künstler und ihre Hilfskräfte trägt der Veranstalter.

3. Das Honorar ist wie folgt zahlbar:

❑ Durch Barzahlung bzw. per bestätigtem Bankscheck unmittelbar vor/nach dem Auftritt an die Künstler oder eine von ihnen bevollmächtigte Person. Name(n):
❑ Per **Überweisung**, innerhalb einer Woche nach Konzert-Termin eingegangen auf folgendem Konto:

3.1 Bei einer Eintritts-Einnahmenbeteiligung der Künstler hat der Vertreter der Künstler das Recht, jederzeit Kartensätze, Vorverkauf und Abendkasse zu überprüfen und zu überwachen. Bei vereinbartem Vorverkauf gibt der Veranstalter einmal wöchentlich ab Vorverkaufsbeginn Dienstags die Vorverkaufszahlen an die Künstler durch.
3.2 Wird das vereinbarte Honorar nicht fristgerecht gezahlt oder geht es nicht fristgerecht ein, schuldet der Veranstalter Verzugszinsen in Höhe von 3% über dem jeweiligen Diskontsatz der Deutschen Bundesbank.
3.3 Der Veranstalter verpflichtet sich, das Konzert seinem Finanzamt, der GEMA und der Künstlersozialkasse zu melden; Gebühren für Wort und Musik trägt der Veranstalter und stellt insoweit die Künstler frei.
3.4   ❑ Die Künstler versteuern ihr Einkommen in der Bundesrepublik Deutschland selbst.
            ❑ Die Künstler sind Ausländer. Der Veranstalter trägt und zahlt die Ausländersteuer (§ 50a EStG).

4. Werbung:

4.1 Die örtlichen Werbemaßnahmen organisiert und trägt der Veranstalter, insbesondere Plakatierung und Bemusterung der regionalen Presse und der infragekommenden **Rundfunksender**. Dazu erhält er:

.... **Plakate, unfrei zugesandt,** .... **Presse-Infos,** .... **Fotos,** ....
⊃ **4.2** Der Veranstalter verpflichtet sich, alle über die Veranstaltung erschienenen Presse-Veröffentlichungen innerhalb von zwei Wochen nach dem Konzert an die Künstler zu schicken.
4.3 Dient die Veranstaltung politischen und/oder anderen Werbezwecken, bzw. zieht der Veranstalter einen Dritten hinzu, der die Veranstaltung zu Werbezwecken benutzt (Sponsor), müssen die Künstler davon informiert werden und sich damit einverstanden erklären.
4.4 Die Künstler und ihre Hilfskräfte sind während der gesamten Veranstaltung und eine angemessene Zeit danach berechtigt, ihre eigenen Produkte - Tonträger, T-Shirts usw. - zu verkaufen (Merchandising).

5. Allgemeines

5.1 Bei Vertragsbruch, der zur Nichtdurchführung des Konzerts führt, zahlt der schuldhafte Vertragspartner dem anderen Vertragspartner eine **Konventionalstrafe in Höhe von DM** .... inkl. Umsatzsteuer. Im Falle höherer Gewalt entfällt die Konventionalstrafe (Nachweispflicht). Fälle von höherer Gewalt, unabwendbarer behördlicher Maßnahmen oder Krankheit der Künstler, in Fällen von Streik und/ oder Ausfall oder erheblicher Verspätung öffentlicher Verkehrsmittel, die die Gestellung der Künstler, der Techniker oder der benötigten Technik unmöglich machen, entbinden die Künstler von der Gastspielverpflichtung. Ansprüche, welcher Art auch immer, können daraus nicht abgeleitet werden, jeder Vertragspartner trägt die ihm entstandenen Aufwendungen selbst. Jedoch werden sich die Künstler um einen Ersatztermin bemühen.
5.2 Der Veranstalter haftet für die **Sicherheit der Künstler und ihrer technischen Anlage** für die Zeit ihrer Anwesenheit am Veranstaltungsort und haftet für Schäden, die ohne Verschulden der Künstler/ihrer Hilfskräfte entstehen.
❏ **5.3** Benennen die Künstler für den Konzerttermin eine erst nach Vertragsabschluß bekanntgewordene **Verpflichtung bei Funk oder Fernsehen**, ist der Veranstalter verpflichtet, die Künstler zu diesem Zweck aus den Vereinbarungen dieses Vertrages zu befreien. Die Künstler sind verpflichtet, dies dem Veranstalter schnellstmöglich anzuzeigen. Künstler und Veranstalter vereinbaren in einem solchen Fall ggfs. einen Ersatz-Termin.
5.4 Ohne vorherige schriftliche Genehmigung der Künstler darf das Konzert **nicht audiovisuell aufgenommen** werden. Zuwiderhandlungen werden juristisch verfolgt, bzw. die Künstler können eine Entschädigung verlangen.
⊃ **5.5** Anliegende **Bühnenanweisung und technischer Rider** sind wesentliche Bestandteile dieses Vertrages und müssen vom Veranstalter befolgt werden. Der Veranstalter bestätigt Empfang und Kenntnisnahme und schickt sie in den notwendigen Punkten ergänzt und unterschrieben zeitgleich mit Vertragsrücksendung an die Künstler. Für etwaige Schäden, die durch Nichteinhaltung der Bühnenanweisung entstehen, haftet der Veranstalter.
⊃ **5.6** Der Veranstalter verpflichtet sich, bis spätestens vier (4) Wochen vor Konzert-Termin eine **detaillierte Wegbeschreibung** (Stadtplan) mit Skizze sowie ggfs. **Anschrift und Telefon-/Faxnummer des Hotels** an die Künstler zu senden, aus denen deutlich hervorgeht, wie die Künstler ab Autobahnabfahrt den Auftrittsort erreichen und ggfs. von dort aus das Hotel.
5.7 Der Veranstalter versichert, daß er volljährig, geschäftsfähig und berechtigt ist, diesen Vertrag zu unterzeichnen. Er versichert, daß dem Konzert der Künstler keine bau-, feuerpolizeilichen oder von einer anderen Institution auferlegten Vorschriften entgegenstehen.
5.8 Sollten einzelne Bestandteile dieses Vertrages juristisch anfechtbar oder unwirksam sein, bleiben die übrigen Bestimmungen trotzdem wirksam. Die Rechtsbeziehungen der Vertragspartner unterliegen deutschem Recht.
5.9 Beide Vertragspartner verpflichten sich, **Stillschweigen** gegenüber allen Dritten bezüglich des Inhalts dieser Vereinbarung zu wahren.
5.10 Änderungen und Ergänzungen dieses Vertrages bedürfen der Schriftform, mündliche Nebenabreden werden nicht getroffen.
⊃ **5.11** Alle drei Ausfertigungen dieser Vereinbarung und zwei unterschriebene Bühnenanweisungen sind an die Künstler bis **spätestens am** .... **eingegangen zurückzuschicken**, nachdem sie ausgefüllt, genehmigt und rechtsverbindlich unterzeichnet wurden.

6. Sonstige Vereinbarungen:

_____, den _____   _____, den _____

_____   _____
- der Veranstalter -   - die Künstler -
(Stempel und Unterschrift)

7.1 Der Gastspielvertrag mit Erläuterungen

Kopf, Veranstalteranschrift:
Zwischen: (Genaue Firmierung des Veranstalters, Straße/Postfach, Postleitzahl, Ort, Telefon-, Fax-Nr);

Vertreten durch: (Vollständiger Vor- und Zuname des zeichnungsbevollmächtigten, juristisch verantwortlichen Vertreters des Veranstalters)

- im folgenden Veranstalter genannt. -

Erläuterungen zum Kopf, Veranstalteranschrift:
Vollständigkeit und Richtigkeit sind im Fall einer Klage ganz wichtig; Euer Anwalt kann nicht gegen „XYZ-Open Air, vertreten durch Toni oder so" klagen.

Kopf, Bandanschrift:
und der GbR ... (Hier gehört Euer Bandname rein, der Name und die genaue Anschrift Eures zeichnungsbevollmächtigten Vertreters);

- im folgenden Künstler genannt. -

Erläuterungen zum Kopf, Bandanschrift:
Die meisten Bands sind GbRs, d.h. Gesellschaft bürgerlichen Rechts. Das sind nämlich vor dem Gesetz alle Verbindungen von zwei oder mehr Personen, die sich zum Zweck einer gemeinsamen Unternehmung zusammentun; um eine GbR zu werden, müßt Ihr keinen Vertrag machen und Euch auch nicht ins Handelsregister eintragen lassen oder so; Ihr seid dann vor dem Gesetz auch keine Firma oder ähnliches sondern ein loser Zusammenschluß von Leuten mit einem gemeinsamen Ziel; will man gegen Euch klagen, muß gegen jeden einzelnen von Euch, nicht gegen Eure gesamte Band geklagt werden. Auf die möglichen Rechtsformen einer Band einzugehen, würde hier zu weit führen, dazu empfehle ich Euch die Lektüre von 'Die Praxis im Musikbusiness' oder des 'Handbuchs der Musikwirtschaft', bibliogr. Angaben s. S. 150)

Dieser Vertrag bestätigt die zwischen Veranstalter und Künstler getroffenen folgenden Vereinbarungen:

1. Der Veranstalter verpflichtet die Künstler für ein Konzert. Die Künstler unterliegen weder in der Programmgestaltung noch in ihrer Darbietung Weisungen des Veranstalters.

Erläuterungen zu 1. Dieser Passus verhindert, daß der Veranstalter Euch ins Programm reinredet. Gibt es seitens des Veranstalters Lautstärkebindungen, muß er sie unter 'Sonstiges' vermerken. Juristisch unterscheidet Euch dieser Satz vom 'weisungsgebundenen Arbeitnehmer' und weist Euch als 'Freie Künstler' aus.

Konzert-Termin: (Wochentag, Tag, Monat, Jahr des Konzerts)
Konzert von ... bis ... Uhr.
Spieldauer: (z.B. 1 x 90 Minuten, 2 x 45 Minuten...) *mit jeweils ... Minuten Pause.*
Das Konzert findet statt (z.B. im Saal, im Zelt, unter freiem Himmel);

Erläuterungen zum Konzert-Termin: Bei 'Termin' am besten auch Wochentag eintragen, erleichtert Tourneeplanung und hilft, eventuelle Druckfehler beim Datum aufzudecken. Man kann sich immer mal verschreiben, aber wenn der 13. ein Sonntag ist, und das Konzert laut Vertrag am Montag, dem 13. stattfindet, stimmt eines von beiden nicht, und man kann's telefonisch klären.

Anschrift Auftrittsort: (Genaue Bezeichnung des Venues, Straße, Postleitzahl, Telefon- und Fax-Nummern);

Erläuterungen zur Anschrift Auftrittsort: Laßt sie Euch so genau wie möglich geben, wichtig auch die Telefonnummer des Venues, damit Ihr im Notfall wenigstens von unterwegs aus im Laden anrufen könnt, falls Ihr Euch durch Stau oder sonstwas verspäten solltet, oder Ihr den Laden einfach nicht findet.

2. Der Veranstalter zahlt folgendes Honorar:

2.1 Festhonorar:

	DM ...
Plakatkosten	DM ...
... kosten	DM ...
zzgl. 15% Mwst:	DM ...
Verzehrpauschale	DM ...
Gesamtsumme:	DM ...
In Worten	DM ...

Erläuterungen zu 2., Honorar: Es gibt verschiedene Möglichkeiten, die Honorierung der Musiker zu vereinbaren:

Erläuterungen zu 2.1, Festhonorar: Das ist die rechnerisch einfachste Möglichkeit, denn hierbei vereinbart Ihr mit dem Veranstalter eine Festgage (Fix-Gage), schlagt 15% Mwst. drauf (nur, wenn Ihr mehrwertsteuerpflichtig seid, sonst ist Netto- = Brutto-Gage) und wißt, was Ihr am Abend der Show ausbezahlt bekommt. Die Festgage sollte sich an dem Marktwert der Musiker orientieren, d.h., wenn Ihr aus Erfahrung wißt, daß Ihr in der betreffenden Region ca. 200

Zuschauer in eine Show zieht und der Veranstalter DM 10.- Eintritt nimmt, dann dürfte Eure Gagenforderung DM 2.000.- auf keinen Fall übersteigen, müßte eigentlich wegen der hohen Kosten des Örtlichen Veranstalters (s. S. 105) eigentlich weit darunter liegen. Diese Marktwertberechnungen sind in der Praxis allerdings meistens unrealistisch, vielen Veranstaltern ist klar, daß sie die Konzertkosten nur über die Eintrittseinnahmen nicht wieder einspielen. Man muß sich bei Gagenforderungen immer ein bißchen nach dem Gefühl richten, danach, was man glaubt, daß der Veranstalter für eine Band bezahlen kann und wird, und danach, wie souverän man seine Forderungen argumentativ belegen bzw. durchsetzen kann.

Plakatkosten: Wenn der Veranstalter sich an den Druckkosten beteiligt, hier die Gesamtsumme eintragen, die er bezahlt (er bestellt z.B. 50 Poster frei und weitere 100 Poster à DM 0,80/Stück, dann müßt Ihr hier DM 80.- eintragen).

Manchmal werden **Fahrt-/PA-Kosten**, wenn Ihr eine mitbringt, Übernachtungskosten oder sonstige Spesen per Pauschale verrechnet, dann schriftlich festhalten.

Addiert die o.g. Beträge zur Zwischensumme und berechnet auf diese Zwischensumme die **gesetzl. Mwst.** (z.Zt. 15%).

Zur Mehrwertsteuer bei der Gage: Macht dem Veranstalter beim Durchgehen der Vertragscheck-Liste klar, daß sich die vereinbarte Gage zuzüglich Mwst. versteht; einige tun dann so, als wäre ihnen das völlig neu und behandeln Euch, als würdet Ihr plötzlich zusätzliche Forderungen stellen; laßt Euch nicht beirren; für fast jeden Veranstalter ist die Mwst. wie für Euch ein durchlaufender Posten - das könnt Ihr ihnen auch so sagen, und es ist ganz selbstverständlich, daß Ihr die Steuern nicht von Eurer Nettogage bezahlt. Ihr müßt Umsatzsteuer ('Mehrwertsteuer') für Eure Einnahmen bei Konzerten ans Finanzamt abführen (es sei denn, Ihr seid nicht vorsteuerpflichtig); sobald Ihr öfter mal auftretet, hättet Ihr auch kaum Chancen, bei Versuch der Steuerhinterziehung nicht vom Finanzamt erwischt zu werden, schließlich macht Ihr ja sogar selbst Werbung für die Auftritte, und lesen können die dort auch...

Falls Ihr kein warmes Essen im Venue bekommt, sondern mit dem Veranstalter die Auszahlung einer *Verzehrpauschale* vereinbart, tragt hier die Summe ein (z.B. 6 Personen à DM 20.- = DM 120.-) Da Ihr im Restaurant die Rechnungen inkl. Mwst. bezahlt, wird auf eine Verzehrpauschale keine Umsatzsteuer aufgeschlagen. Dieser Posten steht deshalb unter dem Mwst.-Feld.

Gesamt-Betrag des **Festhonorars** unter der Additions-Tabelle noch mal **in Worten** ausschreiben.

❏ *2.2 Darüber hinaus erhalten die Künstler folgende **Beteiligung an den Eintrittseinnahmen**:*

❏ *2.2 Die Künstler erhalten folgende **Beteiligung an den Eintrittseinnahmen**, mindestens jedoch nebenstehende Garantie:*

... % aller Netto-Eintrittseinnahmen (Brutto-Eintrittseinnahmen abz. 7% Mwst.) zuzgl. 15% Mwst.,

❏ die DM ... überschreiten.
❏ ab ... zahlenden Zuschauern.

Erläuterungen zu 2.2: Beteiligung an den Eintrittseinnahmen:

Ihr seht, daß es die Klausel 2.2 in zwei verschiedenen Versionen gibt. Hier ist immer nur eine, nämlich die jeweils vereinbarte Regelung anzukreuzen.

Wie Mischkalkulationen funktionieren und warum sie gemacht werden, wird gleich erklärt, hier zunächst ein paar Worte zum Unterschied zwischen den beiden Versionen des Paragraphen 2.2:

Mischkalkulationsformen

Die erste Version ist dann gültig, wenn Ihr mit dem Veranstalter einen Mindestfestbetrag (Fixum) vereinbart, zu dem *hinzu* Ihr noch eine prozentuale Beteiligung an den Eintrittseinnahmen bekommt, wenn die Höhe der Zuschauerzahlen dies zuläßt.

Ein Beispiel: Ihr habt ein Fixum von DM 2.000.- zzgl. Mwst. vereinbart. Zusätzlich sichert Euch der Veranstalter 50% aller Eintrittseinnahmen zu, die DM 4.000.- überschreiten. An dem Abend sind DM 5.000.- netto in der Eintrittskasse. Das bedeutet für Euch: Ihr erhaltet DM 2.000.- plus 50% von DM 1.000.- (Differenz zwischen den tatsächlich eingenommenen DM 5.000.- und dem festgelegten Break Even Point von DM 4.000.-), also DM 500.-. Euer Honorar beträgt also DM 2.500.- zzgl. Mwst.

Rechenbeispiel für einen Deal mit Fixum plus prozentualer Beteiligung an den Eintrittseinnahmen

Bei der zweiten Version ist das vereinbarte Festhonorar eine Garantiesumme, die Ihr erhaltet, auch wenn nur sehr wenige zahlende Zuschauer zu Eurem Konzert kommen. Eigentlich bekommt Ihr als Honorar eine prozentuale Beteiligung an den Eintrittseinnahmen, aber durch die gewährte Garantiesumme habt Ihr nicht Euer gesamtes Kostenrisiko allein zu tragen.

Auch hier ein kurzes Rechenbeispiel, das später noch ausführlicher behandelt wird: Ihr habt vereinbart, daß Ihr 80% der Netto-Eintrittseinnahmen erhaltet, mindestens aber DM 800.- zzgl. Mwst.

Rechenbeispiel für einen Deal mit prozentualer Beteiligung an den Eintrittseinnahmen gegen eine Garantiesumme

als Garantie. Wenn z.B. nur DM 700.- netto in der Eintrittskasse waren, erhaltet Ihr trotzdem Eure zugesagten DM 800.- zzgl. Mwst. Wenn DM 1.000.- netto als Eintritt eingenommen wurden, erhaltet Ihr auch genau DM 800.-, denn 80% von DM 1.000.- sind genau DM 800.-. Abgesehen davon wurden Sie Euch ja garantiert. Sind aber z.B. DM 1.200.- netto in der Eintrittskasse, beträgt Euer Gesamt-Netto-Honorar DM 960.- In diesem Fall zieht nur die prozentuale Eintritts-beteiligungs-Vereinbarung, weil durch sie Eure Garantiesumme überschritten wurde. Nicht die DM 800.- Garantie zur Eintritts-beteiligung hinzuaddieren!

Wie funktionieren nun solche Honorar-Deals?

Aufgrund der wirtschaftlich schwierigen Situation auch der Veranstalter und den unberechenbaren Zahlen zu erwartender Zuschauer scheuen immer mehr Veranstalter das Risiko, die gesamten Kosten für die Veranstaltung auf ihre Kappe zu nehmen. Sie haben ja **außer Eurem Honorar noch weitere hohe Kosten**, um ein Konzert durchzuführen: Evtl. Saalmiete, Bühnenmiete, Miete für Ton- und Lichtanlage, Personalkosten (Kassen-, Theken-, Ordner-, technisches, Aufbauhelfer-, Catering-Personal), GEMA für die Veranstaltung, Strom, Wasser, Reinigungskosten, Hotelkosten, Catering-Kosten, Werbung (Anzeigen, Plakatierer, evtl. Plakate bzw. -Eindrucke selbst) ihre eigenen Bürokosten, Elektriker, evtl. Feuerwehr, Sanitäter, Versicherungen...

Daher werden immer öfter sogenannte **Mischkalkulationen** gemacht: Ihr bekommt einen **Sockelbetrag** garantiert, damit Ihr im Falle dessen, daß nur sehr wenig Zuschauer kommen, wenigstens einen Teil Eurer Kosten raushabt, und man vereinbart, daß Ihr **an den Eintrittseinnahmen beteiligt** werdet, wenn eine bestimmte Zuschauerzahl Eintritt bezahlt hat, bzw., wenn der Veranstalter seine örtlichen Kosten ganz oder zum Teil über die Eintrittseinnahmen gedeckt weiß. Den Betrag, der einzuspielen nötig ist, damit jemand seine Kosten eingespielt hat, nennt man 'Break Even Point', d.h. der Punkt des Durchbruchs in die Gewinnzone.

Im folgenden ein *Rechenbeispiel* für eine solche Mischkalkulation, weil dieses Modell bei der Abrechnung vor Ort immer wieder zu Mißverständnissen führt:

Ihr habt vereinbart, daß Ihr einen Sockelbetrag von DM 800.- zuzgl. 15% Mwst. erhaltet. Zusätzlich sollt Ihr 70% aller Netto-Eintrittseinnahmen erhalten, die nach Erreichen des Break Even Points des

Veranstalters eingespielt werden. In den Club passen 600 Personen, der Eintritt liegt bei DM 15.-, weil außer Euch noch eine örtliche Vorgruppe (ohne Gage, das findet man selten genug) spielt.

Die **örtlichen Kosten des Veranstalters** setzen sich wie folgt zusammen (Wenn Ihr am Telefon solche Mischkalkulationen vereinbart, ist es durchaus üblich, daß der Veranstalter Euch seine Kosten per Fax oder fernmündlich aufschlüsselt; seriöse Veranstalter machen das sowieso, ohne, daß Ihr sie dazu auffordern müßt):

Komplettes Rechenbeispiel für einen Deal mit Fixum plus prozentualer Beteiligung an den Eintrittseinnahmen mit Aufschlüsselung der Kosten des örtlichen Veranstalters

PA/Licht/Techniker	DM 1.000.-
GEMA	DM 300.-
Tickets	DM 70.-
Postereindruck	DM 120.-
Plakatierung	DM 250.-
Anzeigen anteilig	DM 300.-
Helfer	DM 160.-
Kassen-/Ordnerpersonal	DM 180.-
Catering	DM 200.-
Hotel	DM 400.-
Bürokostenpauschale	DM 200.-
Örtl Kosten gesamt	**DM 3.180.-**
+ Sockelgage für Künstler	DM 800.-
Gesamtkosten	**DM 3.980.-**
zuzgl. 15% Mwst.	DM 597.-
Break Even Point	**DM 4.577.-**

Dies ist eine Beispielkalkulation, die für kleine Shows steht und mit ausgesprochen geringen örtlichen Kosten arbeitet. Posten wie Saalmiete, Elektriker, Reinigung, Thekenpersonal tauchen gar nicht auf, alle genannten Posten sind mit sehr geringen Summen beziffert. Ihr könnt daran ersehen, daß es für Veranstalter ziemlich kostenintensiv ist, Konzerte durchzuführen.

Ihr könnt Euch also Euren **Break Even Point** vor dem Konzert ausrechnen: Garantiert erhaltet Ihr DM 800.- (die Mwst. solltet Ihr am besten gar nicht erst als Einnahme einplanen, sondern gleich in ein Extra-Säckel für's Finanzamt packen). Beteiligung an den Eintrittseinnahmen erhaltet Ihr ab eingespielten DM 4.577.- , also ab dem 306. zahlenden Gast (DM 4.577.- : DM 15.- Eintritt = 305,1).

So, nun mal nach der Show abrechnen: Ein Touristenbus hat sich in den Club verirrt, zufällig feiert die ortsansässige Feuerwehr ihr

Jubiläum am Abend Eures Konzerts dort, ein Schutzengel hat weitere 200 Gäste in den Club geschickt; kurz: Es waren tatsächlich 500 zahlende Gäste dort (dies ist die erste bisher ziemlich unrealistische Zahl). Das bedeutet, der glückliche Veranstalter findet beim Kassensturz DM 7.500.- brutto in seiner Eintrittskasse.

Und so wird abgerechnet:

Brutto-Eintrittseinnahmen	DM 7.500.-
abzgl. 7 % Mwst:	- DM 490,65
Netto-Eintrittseinnahmen	DM 7.009,35
abzgl. Örtliche Kosten (s.o.)	- DM 4.577,00
Zu verteilende Einnahmen	**DM 2.432,35**
Davon 70% für Künstler	DM 1.702,65
zuzgl. garantierter Sockel	DM 800,00
zuzgl. 15% Mwst. auf Eintr.bet.	DM 255,40
zuzgl. 15% Mwst. auf Sockel	DM 120,00
Gesamthonorar Künstler	**DM 2.878,05**

Ihr erhaltet Prozente von den Netto-Eintrittseinnahmen, also muß erstmal die Mwst. (7%) aus den Brutto-Einnahmen rausgerechnet werden (Brutto : 1,07 = Netto). Die örtl. Kosten des Veranstalters werden abgezogen, Ihr erhaltet ja erst ab Break Even Point Prozente. Als zu verteilende Einnahmen verbleiben hier DM 2.432,35. Diese werden mit 70% multipliziert, ergibt DM 1.702,65. Die Umsatzsteuer, die Ihr abführen müßt, erhaltet Ihr zusätzlich, weil ja die Umsatzsteuer beim Örtlichen Veranstalter vorher auch rausgerechnet wurde.

Ja, ja, ich weiß, diese Art der Abrechnung ist ganz schön kompliziert; vielleicht tröstet es Euch, daß auch Profis damit manchmal noch Schwierigkeiten haben. Da diese Mischkalkulationen aber immer mehr üblich werden, eignet Euch die Kenntnis hierüber lieber frühzeitig an.

Dank Eures Schutzengels, der Euch viele Zuschauer schickte, habt Ihr bei dieser Show also trotz des niedrigen Sockels richtig Geld verdient. Der Veranstalter ist auch fröhlich,

a) weil er vor der Show wegen des Komplett-Kostenrisikos kein Magengeschwür bekommen hat,

b) weil er seine Kosten eingespielt hat und

c) auch noch außer am Getränke-Umsatz an den Eintrittsgeldern partizipieren konnte.

Aber das klappt natürlich so nur, wenn wirklich viele Zuschauer kommen (siehe Marktwert einer Band).

Hätte Euer Schutzengel gerade die ihm tariflich zustehende Pause gemacht, es wären also 'nur' 300 Leute gekommen, wärt Ihr mit DM 800.- zuzgl. Mwst. nach Hause gefahren, hättet also keine Beteiligung an den Eintrittseinnahmen bekommen. Der Veranstalter wäre wegen a) und b) (jedenfalls fast) immer noch recht fröhlich, und die Wahrscheinlichkeit, daß Ihr nach ein paar Monaten wieder bei ihm auftreten könnt, wäre recht groß.

Hätten Touristenbus und Ortsfeuerwehr auch noch versagt, und es wären ca. 40 zahlende Zuschauer da gewesen, hättet Ihr zwar Eure DM 800.-, aber sicher auch 'nen kleinen Frust, weil's nie so prima ist, vor wenigen Gästen zu spielen. Und Ihr müßtet Euch für die nächste Show im Ort sicher nach 'nem anderen Veranstalter umsehen, weil dieser entweder inzwischen pleite ist oder Euch sicher nicht so gern noch mal engagiert, um Erstgenanntes zu verhindern.

Weil also die Veranstalter aus verständlichen Gründen ihr Kostenrisiko so weit wie irgend möglich reduzieren möchten, wird folgende Form der Künstler-Honorierung auch immer üblicher:

Die reine Beteiligung der Künstler an den Eintrittseinnahmen. Das bedeutet, daß Ihr selbst Euer gesamtes Kostenrisiko tragt, der Veranstalter das örtliche Kostenrisiko. Die Eintrittseinnahmen teilen sich Künstler und Veranstalter zu auszuhandelnden prozentualen Anteilen (möglich ist dabei jede denkbare Verteilung zwischen Veranstalter und Künstler, üblich sind z.B. 50/50-Deals, d.h. beide Partner bekommen je die Hälfte, 60%, 70%, 80%, 90% oder manchmal auch 100 % für die Künstler, wenn z.B. der Veranstalter Bands aus Imagegründen spielen lassen will und sich mit den möglichen Mehreinnahmen aus dem Getränke-Umsatz begnügt).

Deal mit ausschließlich prozentualer Beteiligung an den Einnahmen

Ob Ihr Euch auf solche Konditionen einlaßt, solltet Ihr Euch gut überlegen. Kommen nämlich wenig Zuschauer, habt Ihr nicht nur keine Gage verdient, was man vielleicht noch verschmerzen kann, sondern müßt aus Eurem Band-Säckel auch noch Benzin, Busmiete, Techniker-Honorare... und eventuell sogar noch Übernachtungsmöglichkeiten vor Ort bezahlen. Macht Euch keine Illusionen über mögliche Zuschauerzahlen. In Orten, in denen Ihr unbekannt seid, müßt Ihr eigentlich immer mit dem schlimmsten, nämlich ganz, ganz wenig Zuschauern rechnen, auch wenn Ihr in Eurem Heimatort be-

Rechnet außerhalb Eurer Heimatregion zunächst nicht mit vielen Zuschauern!

reits eine erkleckliche Fan-Zahl habt. Die Kids von heute gehen nur noch sehr selten in Konzerte von 'No name-Bands'. Wenn der Veranstalter Euch von sich aus einen reinen Eintrittsdeal anbietet, könnt Ihr davon ausgehen, daß er selbst nicht mit allzu vielen Zuschauern rechnet, bei vollem Haus würde er ja mit einer Festgage finanziell wahrscheinlich viel besser fahren. Oft ist dies aber zu Anfang die einzige Möglichkeit, in einem Ort überhaupt aufzutreten. Wenn Ihr z.B. donnerstags und samstags darauf sicher bezahlte Shows gebucht habt, spricht nix dagegen, den Freitag, der sonst frei (Off Day) wäre, mit einer Eintritts-Beteiligungs-Show zu füllen, die a) auf halbem Weg zwischen der Donnerstags- und der Samstags-Show liegt (keine zusätzlichen Fahrtkosten), und wo Euch b) vielleicht wenigstens Catering und die Übernachtungen vom Veranstalter garantiert werden. Dann macht Ihr auf keinen Fall Verlust, weil Ihr ja auch ohne diese Show am Off Day irgendwo unterwegs übernachten müßtet. Ansonsten spielt am Anfang solche Shows nur, wenn Ihr Euch den größtmöglichen finanziellen Verlust (nämlich gar keine Gage) bewußt leisten könnt oder wollt.

Manchmal wird der Break Even Point auch nicht als DM-Betrag formuliert sondern als eine bestimmte Zuschauerzahl, die erreicht werden muß, bevor Ihr Prozente bekommt, dann kreuzt Ihr den entsprechenden Punkt an und tragt die Zahl ein.

2.3 Der Eintrittspreis (abzgl. VVK-Gebühr) beträgt:
Vorverkauf: DM ....   erm.: DM... Abendkasse: DM ... erm.: DM ...;

Eintrittspreise mit dem Örtlichen Veranstalter absprechen

2.3 Erläuterungen zum Eintrittspreis: Zu wissen, besser noch, mit dem Veranstalter auszudiskutieren, wie hoch der Eintrittspreis ist, ist wichtig zur Errechnung Eures Break Even Points. Wenn 200 Leute DM 10.- bezahlen, ist weit weniger in der Kasse, als wenn dieselben 200 Leute DM 15.- bezahlen. Berücksichtigt werden sollte auch, daß die Künstler ihrem Bekanntheitsgrad gemäß in die richtige Eintrittsklasse einzustufen. Die Eintrittspreise sollten den örtlichen Erfahrungen des Veranstalters gemäß und der eigenen Einschätzung der Künstler/ihrer Agentur gemäß vereinbart werden.

2.4 Maximale Besucherzahl: ... Personen.

Erläuterungen zu 2.4, Maximale Besucherzahl: Sie sollte auf jeden Fall bei prozentualer Beteiligung der Künstler an den Eintrittseinnahmen schriftlich festgehalten werden, damit Ihr nicht in einem 200-Personen-Club steht, nachdem Ihr von 500er Fassungsvermögen ausgegangen seid und erst ab dem 300. Zuschauer an den Eintrittseinnahmen beteiligt seid. Sie ist auch wichtig zu wissen für den Fall, daß Ihr eine eigene Ton-/Lichtanlage mitbringt: Je mehr Leute in den Laden passen, um so größer müssen Ton- und Lichtanlage sein.

2.5 Tickets stellt ❏ *Künstler* ❏ *Veranstalter.*

Erläuterungen zu 2.5: Üblicherweise stellt bei kleineren Produktionen der Örtliche Veranstalter die **Tickets**, manchmal gibt's auch einfach nur Bonrollen oder sogar nur Stempel (Achtung: Wenn Ihr an den Eintrittseinnahmen beteiligt seid, habt Ihr keine Kontrollmöglichkeit, falls der Veranstalter nur stempelt! Besteht dann zumindest auf durchnumerierten Bonrollen).

2.6 Die Kosten für Getränke und Catering für die Künstler und ihre Hilfskräfte trägt der Veranstalter.

Erläuterungen zu 2.6: Manche Veranstalter weigern sich auch heute noch, die Künstler mit einer **Mahlzeit** zu bewirten. Das ist ein Punkt, an dem ich regelmäßig maulig werde, weil es ungeschriebenes Gesetz der Branche ist, daß die Künstler mindestens eine Mahlzeit bekommen, und ich immer schon von vornherein weiß, wie die Künstler dann insgesamt vor Ort von einem Veranstalter behandelt werden, dem sie nicht mal eine Mahlzeit wert sind. Erfahrungsgemäß würden sich solche Veranstalter lieber eine Musicbox in den Laden stellen, um Streß zu sparen, statt mit Künstlern zu arbeiten - und genauso werden die Musiker dann auch behandelt.

❏ *2.7 Die Übernachtungs- und Frühstückskosten für Künstler und ihre Hilfskräfte trägt der Veranstalter.*

Erläuterungen zu 2.7: Ankreuzen, wenn der Veranstalter die Übernachtungs-, und dann natürlich auch die Frühstückskosten übernimmt.

3. Das Honorar ist wie folgt zahlbar:

❏ *Durch **Barzahlung** bzw. per bestätigtem Bankscheck unmittelbar vor/nach dem Auftritt an die Künstler oder eine von ihnen bevollmächtigte Person. Name(n): ...*

❏ *Per Überweisung innerhalb einer Woche nach Konzert-Termin eingegangen auf folgendem Konto: ...*

Erläuterungen zu 3.: Ankreuzen, welche Zahlungsmodalität vereinbart wurde. In der Regel ist **Barzahlung** direkt nach der Show üblich und aus Eurer Sicht auch am cleversten, aber z.B. einige Stadtverwaltungen dürfen einfach nicht in bar auszahlen. Einige Festivalveranstalter vereinbaren **Überweisung**, weil sie nicht mit zig tausend Mark in bar in den Taschen den ganzen Tag lang über'n Platz laufen wollen - verständlich, finde ich. Nachteil bei Überweisungen: Man wartet trotz **Zahlungszielangabe (3.2)** oft wochenlang auf sein Geld. Laßt Euch am Abend der Show **auf keinen Fall mit Verrechnungs-Schecks bezahlen**, es passiert leider doch ganz schön häufig, daß es sich um 'Schüttelschecks' handelt (Schüttelschecks sind solche, bei denen Euer Banker den Kopf schüttelt, wenn Ihr sie einlösen wollt), sprich: daß diese nicht gedeckt oder am Tag nach der Show vom Veranstalter gesperrt werden. In Sachen Sicherheit ist nur ein von der Bank als gedeckt bestätigter Scheck genauso gut wie Barzahlung oder Überweisung *vor* der Show.

*3.1 Bei einer Eintritts-Einnahmenbeteiligung der Künstler hat der Vertreter der Künstler das Recht, jederzeit Kartensätze, Vorverkauf und Abendkasse zu überprüfen und zu überwachen. Bei vereinbartem **Vorverkauf** gibt der Veranstalter einmal wöchentlich ab Vorverkaufsbeginn dienstags die **Vorverkaufszahlen** an die Künstler durch.*

Erläuterungen zu 3.1: Soll verhindern, daß der Veranstalter beleidigt ist, wenn Ihr vor Ort Kartenabrisse kontrolliert und soll ihn und seine Helfer darauf einstimmen, daß Ihr tatsächlich kontrollieren werdet, ob an der Eintrittskasse alles mit rechten Dingen zugeht. Wenn Ihr genügend Leute mit unterwegs habt, solltet Ihr tatsächlich mitzählen, wie viele Zuschauer Eintritt bezahlt haben. Ohne grundsätzlich an der Seriösität der Örtlichen Veranstalter oder ihres Kassenpersonals zweifeln zu wollen, ist es ratsam, mitzuzählen, wie viele Gäste Eintritt bezahlt haben, denn es passiert leicht, daß mal vergessen wird, allen Gästen ein Ticket zu geben, nachdem sie Eintritt bezahlt haben, und für diese Gäste gibt es dann bei der Abrechnung keinen Gegenbeleg.

Daß Euch die Örtlichen Veranstalter regelmäßig die Vorverkaufszahlen durchgeben, wenn Ihr Vorverkauf vereinbart habt, ist absolut branchenübliches Geschäftsgebaren, die meisten Örtlichen sind auch daran gewöhnt. Trotzdem werdet Ihr zunächst Euren Vorverkaufszahlen noch öfter hinterhertelefonieren müssen, wenn Ihr noch nicht regelmäßige Geschäftspartner des Örtlichen seid. Die Entwicklung des Vorverkaufs zu verfolgen ist wichtig, um möglichst frühzeitig festzustellen, an welchen Tourorten Ihr noch mal kräftig Gas auf der Promotion-Ebene geben müßt, damit viele Gäste kommen.

3.2 Wird das vereinbarte Honorar nicht fristgerecht gezahlt oder geht es nicht fristgerecht ein, schuldet der Veranstalter Verzugszinsen in Höhe von 3% über dem jeweiligen Diskontsatz der Deutschen Bundesbank.

Es ist Euch nicht zumutbar, einerseits eventuell wochenlang auf Euer Honorar zu warten, andererseits dann auch noch die Zinsverluste hinnehmen zu müssen, die Euch durch das Nichtvorhandensein des Geldes auf Eurem Konto entstehen.

3.3 Der Veranstalter verpflichtet sich, das Konzert seinem Finanzamt, der GEMA und der Künstlersozialkasse zu melden; Gebühren für Wort und Musik trägt der Veranstalter und stellt insoweit die Künstler frei.

Erläuterungen zu 3.3: Dieser Passus bezieht sich vor allem auf die **GEMA**, die Veranstalter für die kommerzielle Verwertung urheberrechtlich geschützter Musik abführen müssen und auf eventuelle Abgaben an die **Künstlersozialkasse**. Manche Veranstalter versuchen, diese Posten auf die Künstler abzuwälzen. Das ist weder seriös noch zumutbar; diese Kosten fallen eindeutig in den Verantwortungsbereich der Örtlichen Veranstalter.

3.4 ❏ *Die Künstler versteuern ihr Einkommen in der Bundesrepublik Deutschland selbst.*
   ❏ *Die Künstler sind Ausländer. Der Veranstalter trägt und zahlt die Ausländersteuer.*

Erläuterungen zu 3.4: Kreuzt an, was auf Euch zutrifft. **Ausländer** im Sinne des EStG (Einkommenssteuergesetz) sind nur diejenigen, die in Deutschland keinen Wohnsitz angemeldet haben. Auch Künstler mit ausländischer Staatsbürgerschaft versteuern ihr Einkommen in Deutschland selbst, wenn sie hier einen Wohnsitz haben.

4. Werbung:

*4.1 Die **örtlichen Werbemaßnahmen** organisiert und trägt der Veranstalter, insbesondere **Plakatierung** und Bemusterung der regionalen Presse und der infragekommenden **Rundfunksender**. Dazu erhält er:*
*... **Plakate**, unfrei zugesandt, ... **Presse-Infos**, ... **Fotos**,   ... **CDs***

Erläuterungen zu 4.1: Tragt hier die vereinbarten Mengen von **Promotion-Material** für den Örtlichen Veranstalter ein. Das ist wichtig, weil: Ohne gute **Werbung** keine Zuschauer. Es ist zwar branchenüblich, Plakatdruckkosten evtl. auf den Veranstalter umzulegen; Presse-Infos und -fotos sowie zur Promotion benötigte Tonträger stellen die Künstler grundsätzlich kostenlos zur Verfügung.

*4.2 Der Veranstalter verpflichtet sich, alle über die Veranstaltung erschienenen **Presse-Veröffentlichungen** innerhalb von zwei Wochen nach dem Konzert an die Künstler zu schicken.*

Erläuterungen zu 4.2: Machen leider immer noch nicht alle Örtlichen Veranstalter, aber dieser Passus übt zumindest eine psychologische Wirkung aus. Und jede Pressemeldung ist wichtig.

*4.3 Dient die Veranstaltung politischen und/oder anderen **Werbezwecken**, bzw. zieht der Veranstalter einen Dritten hinzu, der die Veranstaltung zu Werbezwecken benutzt (**Sponsor**), müssen die Künstler davon informiert werden und sich damit einverstanden erklären.*

Erläuterungen zu 4.3: Sponsoring greift um sich, das finde ich auch in Ordnung, denn ohne kommerzielle Sponsoren ist das Live-Geschäft heutzutage kaum noch finanzierbar. Ihr solltet aber darauf achten, daß die Veranstaltung und damit auch ihre Sponsoren zum Image Eurer Band passen, und daß Ihr Euch wenigstens halbwegs mit den Inhalten der Sponsoren-Konzepte identifizieren könnt.

*4.4 Die Künstler und ihre Hilfskräfte sind während der gesamten Veranstaltung und eine angemessene Zeit danach berechtigt, ihre eigenen Produkte - Tonträger, T-Shirts usw. - zu verkaufen (**Merchandising**).*

Erläuterungen zu 4.4: Manche Veranstalter wollen **Merchandising** in ihrem Venue verbieten oder an den Erlösen partizipieren. Dieser Passus verhindert beides.

5. Allgemeines

*5.1 Bei Vertragsbruch, der zur Nichtdurchführung des Konzerts führt, zahlt der schuldhafte Vertragspartner dem anderen Vertragspartner eine **Konventionalstrafe in Höhe von DM** ... inkl. Umsatzsteuer. Im Falle höherer Gewalt entfällt die Konventionalstrafe (Nachweispflicht). Fälle von höherer Gewalt, unabwendbarer behördlicher Maßnahmen oder Krankheit der Künstler, in Fällen von Streik und/oder Ausfall oder erheblicher Verspätung öffentlicher Verkehrsmittel, die die Gestellung der Künstler, der Techniker oder der benötigten Technik unmöglich machen, entbinden die Künstler von der Gastspielverpflichtung. Ansprüche, welcher Art auch immer, können daraus nicht abgeleitet werden, jeder Vertragspartner trägt die ihm entstandenen Aufwendungen selbst. Jedoch werden sich die Künstler um einen Ersatztermin bemühen.*

Erläuterungen zu 5.1: Als **Vertragsstrafe** wird in der Regel die vereinbarte Gage eingetragen. Bei Beteiligung der Künstler an den Eintrittseinnahmen tragt Euer ungefähres Gagenmittel ein. Achtung: Wenn Ihr mit Eurem Bandbus im **Stau** steckt und deshalb zu spät oder gar nicht am Venue erscheint, ist das keine höhere Gewalt bzw. Ausfall oder Verspätung öffentlicher Verkehrsmittel. Es ist Euch zuzumuten, sagt der Gesetzgeber, rechtzeitig loszufahren. Fällt also eine Show aus, weil Ihr im Stau gesteckt habt, kann der Veranstalter die Vertragsstrafe von Euch verlangen. Wenn einer von Euch krank wird und das Konzert deshalb ausfällt, müßt Ihr dem Veranstalter die Krankheit mittels eines ärztlichen Attests nachweisen. Der letzte Satz, in dem es um einen Ersatztermin geht, ist keine juristisch verbindliche Zusage sondern lediglich eine Good Will-Erklärung.

*5.2 Der Veranstalter haftet für die **Sicherheit der Künstler und ihrer technischen Anlage** für die Zeit ihrer Anwesenheit am Veranstaltungsort und haftet für Schäden, die ohne Verschulden der Künstler/ihrer Hilfskräfte entstehen.*

Erläuterungen zu 5.2: Damit stellt Ihr sicher, daß Eure **Sicherheit** und die Eurer Anlage im Verantwortungsbereich des Veranstalters liegt.

❏ *5.3 Benennen die Künstler für den Konzerttermin eine erst nach Vertragsabschluß bekanntgewordene **Verpflichtung bei Funk oder Fernsehen**, ist der Veranstalter verpflichtet, die Künstler zu diesem Zweck aus den Vereinbarungen dieses Vertrages zu befreien. Die Künstler sind verpflichtet, dies dem Veranstalter schnellstmöglich anzuzeigen. Künstler und Veranstalter vereinbaren in einem solchen Fall ggfs. einen Ersatz-Termin.*

Erläuterungen zu 5.3: Ein Passus, der zunächst wie ein Knebel-Passus für den Veranstalter klingt. Er hat aber seine Berechtigung und Notwendigkeit, wofür die meisten Veranstalter auch Verständnis haben: Gastspiele werden im allgemeinen viel langfristiger gebucht, als **Rundfunk-/Fernsehtermine**. Jeder in der Branche weiß, wie wichtig Senderauftritte für das Fortkommen von Künstlern sind, daher ist es notwendig, den Künstlern durch diesen Passus die Möglichkeit zu geben, solch seltene und wichtige Angebote wahrnehmen zu können. Er ist anzukreuzen, wenn diese Möglichkeit für Euch in Frage kommt. Wenn die Wahrscheinlichkeit, daß Ihr einen Rundfunk- oder Fernsehauftritt bekommt, noch nicht vorhanden ist, kreuzt ihn nicht an, das erleichtert die Veranstalter etwas.

*5.4 Ohne vorherige schriftliche Genehmigung der Künstler darf das Konzert **nicht audiovisuell aufgenommen** werden. Zuwiderhandlungen werden juristisch verfolgt, bzw. die Künstler können eine Entschädigung verlangen.*

Erläuterungen zu 5.4: Kein Künstler wird wohl etwas dagegen haben, wenn seine Darbietung für den **Rundfunk o.ä. aufgezeichnet** wird; daher sollte man diese Aufzeichnungen nicht prinzipiell untersagen, nur zusätzliche Honorarforderungen, die ja angemessen sind, in Aussicht stellen. Außerdem soll dieser Passus vor **Bootlegs**, illegalen Mitschnitten, schützen.

*5.5 Anliegende **Bühnenanweisung, Cateringliste und technischer Rider** sind wesentliche Bestandteile dieses Vertrages und müssen vom Veranstalter befolgt werden. Der Veranstalter bestätigt Empfang und Kenntnisnahme und schickt sie in den notwendigen Punkten ergänzt und unterschrieben zeitgleich mit Vertragsrücksendung an die Künstler. Für etwaige Schäden, die durch Nichteinhaltung der Bühnenanweisung entstehen, haftet der Veranstalter.*

Erläuterungen zu 5.5: Der Veranstalter muß die Bühnenanweisung unterzeichnen, weil er damit bestätigen muß, daß er sie zur Kenntnis genommen hat und erfüllen wird. Da der Vertrag am Ende dieser Seite unterschrieben wird, Bühnenanweisung und Technischer Rider aber erst als Anhang folgen, ist es wichtig, ausdrücklich zu erwähnen, daß auch sie Vertragsinhalt sind; normalerweise wird ein Vertrag ja an dessen Ende unterschrieben. Wenn Ihr eine schon etwas etabliertere Band seid und des öfteren mit professionellen Örtlichen Veranstaltern zusammenarbeitet, ist es sinnvoll, die Cateringwünsche auf einem separaten Blatt aufzulisten. Die Vertragsunterlagen gehen beim Örtlichen Veranstalter nämlich verschiedene Wege: Der Vertrag landet im Aktenordner des Locals, die Bühnenanweisung bekommen seine Haustechniker und -Organisatoren und die Cateringliste der Koch bzw. diejenigen, die für Euer leibliches Wohl zuständig sind. Das ist selten ein und dieselbe Person. Eine Trennung der verschiedenen Anweisungen erleichtert dem Örtlichen die Organisation.

*5.6 Der Veranstalter verpflichtet sich, bis spätestens (4) vier Wochen vor Konzert-Termin eine **detaillierte Wegbeschreibung** (Stadtplan) mit Skizze sowie ggfs. **Anschrift und Telefon-/Faxnummer des Hotels** an die Künstler zu senden, aus denen deutlich hervorgeht, wie die Künstler ab Autobahnabfahrt den Auftrittsort erreichen und ggfs. von dort aus das Hotel.*

Erläuterungen zu 5.6: Wegskizzen, Anfahrtsbeschreibungen ersparen viel Nerv und Sucherei, zumal dann, wenn man sowieso schon etwas spät dran sein sollte.

5.7 Der Veranstalter versichert, daß er volljährig, geschäftsfähig und berechtigt ist, diesen Vertrag zu unterzeichnen. Er versichert, daß dem Konzert der Künstler keine bau-, feuerpolizeilichen oder von einer anderen Institution auferlegten Vorschriften entgegenstehen.

Erläuterungen zu 5.7: Diese Klausel ist besonders interessant in Bezug auf Live-Lizenzen. Einige Veranstalter führen Konzerte durch, ohne eine **Lizenz für Live-Musik** zu haben. Das kann jahrelang gut gehen, aber manchmal fühlten sich genau zwei Tage vor Eurer Show Anlieger so von dem Lärm genervt, daß der Veranstalter lieber Eure Show abblasen will, bevor ihm der Laden ganz geschlossen wird. In diesem Fall muß er Euch die Konventionalstrafe zahlen.

5.8 Sollten einzelne Bestandteile dieses Vertrages juristisch anfechtbar oder unwirksam sein, bleiben die übrigen Bestimmungen trotzdem wirksam. Die Rechtsbeziehungen der Vertragspartner unterliegen deutschem Recht.

Erläuterungen zu 5.8: Diese sogenannte Salvatoritätsklausel verhindert, daß der gesamte Vertrag ungültig wird, wenn Ihr einzelne Punkte *nach Absprache mit dem Veranstalter* verändert.

*5.9 Beide Vertragspartner verpflichten sich, **Stillschweigen** gegenüber allen Dritten bezüglich des Inhalts dieser Vereinbarung zu wahren.*

Erläuterungen zu 5.9: Diese Klausel bezieht sich vor allem auf das Gagengeheimnis, aber auch auf alle anderen Absprachen. Der Vertrag wird zwischen Euch und dem Örtlichen geschlossen, sein Inhalt geht außer den Beteiligten niemanden etwas an.

5.10 Änderungen und Ergänzungen dieses Vertrages bedürfen der Schriftform, mündliche Nebenabreden werden nicht getroffen.

Erläuterungen zu 5.10: Für alle Beteiligten soll durch diesen Paragraphen klargestellt werden, daß alle sich an das und nur an das zu halten haben, was in diesem Vertrag schriftlich vereinbart wurde.

*5.11 Alle drei Ausfertigungen dieser Vereinbarung und zwei unterschriebene Bühnenanweisungen sind an die Künstler **bis spätestens am ... eingegangen zurückzuschicken**, nachdem sie ausgefüllt, genehmigt und rechtsverbindlich unterzeichnet wurden.*

Erläuterungen zu 5.11: Diese **Fristsetzung** hat weniger juristische als psychologische Wirkung, sie beschleunigt oft die Rücksendung der unterschriebenen Verträge seitens der Veranstalter. Wird die Frist nicht eingehalten, können die Künstler den Termin anderweitig vergeben, ohne sich noch an die Absprachen dieses Vertrages gebunden fühlen zu müssen.

6. Sonstige Vereinbarungen:

Erläuterungen zu 6.: Hier tragt Ihr all das ein, was nicht durch die vorformulierten Paragraphen abgedeckt ist.

Ablaufs-Vereinbarung und Bühnenanweisung

Termin: .... Ort: ....

1. Zeitlicher Ablauf

.... h Ankunft PA/ Licht
.... h Ankunft Backline
.... h Ankunft Künstler
.... h - .... h Soundcheck
.... h Publikumseinlaß
.... h Showtime

1.1 Zum Zeitpunkt des **Aufbaubeginns** muß der verantwortliche Vertreter des Veranstalters anwesend, die Bühne fertig zum Aufbau und der Ladeweg zur Bühne frei sein.
⊃ **1.2** Bei Beteiligung **anderer Künstler** ist ein genauer Zeit- und Verlaufsplan mit den Namen der anderen Künstler an die Künstler zu schicken.

1.3 Name und Telefonnummer (am Tag des Konzerts) des **örtlichen Ansprechpartners** für technische und organisatorische Probleme: ....

2. Zufahrt, Parkmöglichkeiten

Der Veranstalter sorgt für **ungehinderte** Zufahrt zur Bühne. Er beschafft ggfs. Sonder-Durchfahrtsgenehmigungen und stellt sie den Künstlern zeitgleich mit Vertrags-Rücksendung zu. Er stellt in unmittelbarer Nähe der Bühne (bei Open Airs) bzw. des Bühneneingangs Parkplätze für .... LKW und .... PKW zur Verfügung.

3. Bühne/Technik

3.1 Minimale Spielfläche der Bühne: ....m ; Höhe: ....m ; Lichte Höhe: ....m
3.2 Die Bühne muß waagerecht und fest sein und darf keine Unebenheiten aufweisen. Der Veranstalter sorgt für eine ordnungsgemäße Sicherung der Bühne. Der Aufgang/Zugang zur Bühne muß beleuchtet sein.
❑ **3.3** Für das Schlagzeug wird ein **Schlagzeugpodest** benötigt, dessen Grundfläche .... m mal .... m beträgt und ca. .... m bis .... m hoch ist.
3.4 Folgende Stromanschlüsse müssen zum Aufbaubeginn betriebsbereit sein:
Diverse Schukoanschlüsse, 220 Volt, abgesichert mit 16 Ampère in ausreichender Anzahl
Drehstromanschlüsse: ❑ 3 x 16 Amp. Cekon ❑ 3 x 32 Amp. Cekon ❑ 3x 63 Amp. Cekon
3.5 Keiner der Stromanschlüsse darf weiter als 10 m von der Bühne entfernt sein. Licht- und Ton-Anschlüsse benötigen vollständig **getrennte Erdung.**
3.6 Der Veranstalter versichert, daß die elektrischen Anlagen den neuesten Verordnungen der VDE entsprechen. Bei Nichtbeachtung dieses Punktes trägt er alle Folgen sich dadurch ergebender Schäden.
3.7 Während der Betriebszeit der Anlage darf die Stromzufuhr nur mit Genehmigung der Techniker unterbrochen werden. Bei Nichtbeachtung kann eine erhebliche Schadensersatzforderung dem Veranstalter gegenüber geltend gemacht werden.
3.8   ❑ Die Künstler bringen eine **Ton-Anlage** mit, die zur Beschallung der gegebenen Räumlichkeiten ausreicht.
         ❑ Der Veranstalter stellt den Künstlern kostenlos eine um .... h **spielbereite Ton-Anlage**,
             ❑ wie sie in anliegendem **technischen Rider** gefordert wird.
             ❑ die zur Beschallung der gegebenen Räumlichkeiten ausreicht.
3.9 Auf beiden Seiten der Bühne werden für die Tonanlage **zwei Podeste oder Tische** benötigt, die Bühnenhöhe haben, außerdem für den Mixer **zwei stabile Tische** ca. 10 - 15 m vor der Bühne.
3.10   ❑ Der Veranstalter stellt den Künstlern kostenlos eine **Lichtanlage** mit mindestens .... kw.
             ❑ wie sie in anliegendem **technischen Rider** gefordert wird.
             ❑ Die Künstler bringen eine **Lichtanlage** mit.
3.11 Die Tourleitung und die Techniker der Künstler sind gegenüber den Helfern und Ordnern weisungsberechtigt.

4. Personal

Der Veranstalter stellt den Künstlern kostenlos folgendes Personal:

❑   **Person mit Schlüsselgewalt** und Zugang zu allen technischen Anlagen und Räumen, die vom Veranstalter autorisiert ist, zum Zeitpunkt des Aufbaubeginns.
❑   .... kräftige **Helfer** zum Zeitpunkt des Aufbaubeginns für Auf- und später Abbau. Für jeden fehlenden Helfer, sowohl beim Auf- wie auch beim Abbau, hat der Veranstalter DM 150.- zuzügl. der gesetzl. Mwst. an die Künstler zusätzlich zum vereinbarten Honorar zu erstatten.
❑   **Lichtmixer**, spätestens zum vereinbarten Soundcheck-Zeitpunkt.
❑   **Ton-Mixer (FOH)**, spätestens zum vereinbarten Soundcheck-Zeitpunkt.
❑   **Monitormixer**, spätestens zum vereinbarten Soundcheck-Zeitpunkt.

Die Bühnenanweisung

- ☐ .... **Ordner**, ab spätestens 30 Minuten vor Publikumseinlaß bis nach dem Verlassen des Auftrittsorts durch das Publikum.
- ☐ Sonstiges Personal: ....

5. Security

5.1 Der Veranstalter trägt dafür Sorge, daß in den Veranstaltungsraum keine **Flaschen**, **Dosen**, sowie Schlag-, Schuß- oder sonstige **Waffen** mitgebracht werden.
☐ **5.2** Wird im Veranstaltungsraum **Getränkeausschank** betrieben, so dürfen die Getränke nur in Papp- oder Plastikbechern ausgegeben werden. Keine Gläser und keine Flaschen!
5.3 Der Veranstalter trägt Sorge dafür, daß Bühne und Mischpult während der Anwesenheit der Künstler und ihrer Hilfskräfte am Veranstaltungsort vor dem Zugriff Dritter geschützt werden.
☐ Die Bühne muß mit Absperrgittern gesichert sein.   ☐ Das Mischpult muß mit Absperrgittern gesichert werden.

6. Garderoben

Der Veranstalter stellt den Künstlern und ihren Hilfskräften eine saubere, gut beheizte, abschließbare Garderobe sowie eine Waschgelegenheit mit Seife, ... Handtüchern und einem Spiegel zur Verfügung.

7. Getränke und Verpflegung

7.1 Bei Ankunft der Künstler und ihrer Hilfskräfte bitte Kaffee, Tee, Mineralwasser und belegte Brote mit Wurst und Käse bereitstellen.
7.2 Getränke, bitte bei Ankunft gekühlt bereitstellen:
- ☐ Für .... Personen je ein warmes Essen (keine Imbißware) um ca. .... h.
- ☐ .... Person(en) ist/sind Vegetarier.
- ☐ Für .... Personen eine **Verzehrpauschale** von jeweils DM .... , zahlbar in bar nach dem Soundcheck.

8. Übernachtung

8.1 Der Veranstalter bucht für die Nacht vom .... zum ....
- ☐ .... Einzel- und .... Doppelzimmer mit eingel. Dusche/WC und Frühstück in einem Hotel mindestens mittlerer Kategorie, möglichst nah am Veranstaltungsort gelegen.
- ☐ private Übernachtungsmöglichkeiten für .... Personen, sowie je ein Frühstück am nächsten Morgen.

8.2 Hotel-Adresse mit Telefon- und Fax-Nummer: ....
☎: ....
Fax: ....

8.3 Der Veranstalter verpflichtet sich, das Hotel darüber zu informieren, daß die Künstler evtl. erst nachts eintreffen. Bei einem Hotel ohne Nachtportier sind die Hotelschlüssel vor Auftrittsbeginn an die Künstler auszuhändigen.
8.4 Der Veranstalter trägt dafür Sorge, daß die Künstler **nicht vor 12:00 h aus dem Hotel auschecken** müssen.

9. Merchandising

Wird von den Künstlern **Merchandising** betrieben, so stellt der Veranstalter kostenlos einen gut sichtbaren Platz (ca. 8 qm) mit Tischen, Stühlen und Beleuchtung zur Verfügung.
Die Künstler haben das Exklusiv-Verkaufsrecht für **Non-Food-Artikel**.

10. Besondere Regelungen bei Open Air-Veranstaltungen

10.1 Falls das Konzert im Freien aus Witterungsgründen nicht möglich ist, so ist vom Veranstalter ein geeigneter Raum zur Verfügung zu stellen. Sollte auch das nicht möglich sein, ist das Honorar in Höhe der vereinbarten Vertragsstrafe zu zahlen.
10.2 Bei Open Air- sowie bei Zelt-Veranstaltungen müssen Bühne, Ton- und Lichtanlage sowie der gesamte Mixer-Platz von oben und seitlich vor **Nässe und Sturm** geschützt werden.

Sollten sich in der Erfüllung irgendeines Punktes der Ablaufs-Vereinbarung und Bühnenanweisung Schwierigkeiten abzeichnen, so ist der Veranstalter verpflichtet, dies unverzüglich den Künstlern mitzuteilen, um gemeinsam Lösungsmöglichkeiten zu finden.

_____ den, _____

_____
- der Veranstalter (Stempel und Unterschrift) -

7.2 Die Bühnenanweisung mit Erläuterungen

Kopf: Termin, Ort:

Erläuterungen zum Kopf: Im Kopf noch mal Termin, Venue und Band eintragen, um die jeweilige Bühnenanweisung dem richtigen Vertrag zuordnen zu können.

1. Zeitlicher Ablauf
... h Ankunft PA und Licht
... h Ankunft Backline
... h Ankunft Künstler
... - ... h Soundcheck
... h Publikumseinlaß
... h Showtime

Erläuterungen zu 1.: Je genauer Ihr schon am Telefon alle Uhrzeiten absprecht (den genauen zeitlichen Ablauf nennt man Running Order), um so weniger Hektik gibt's vor Ort.

*1.1 Zum Zeitpunkt des **Aufbaubeginns** muß der verantwortliche Vertreter des Veranstalters anwesend, die Bühne fertig zum Aufbau und der Ladeweg zur Bühne frei sein.*

Erläuterungen zu 1.1: Wichtig, weil sonst Eure ankommenden Techniker vor verschlossenen Türen und nicht auffindbaren Sicherungskästen stehen, Ihr erstmal zig Bierkästen aus dem Flur räumen müßt, durch den Ihr Eure Cases tragt, die Bühne von Bierdosen, Kippen und sonstigem Müll befreien, oder gar die Bühne selbst erst mal aufbauen müßt (auch das habe ich schon erlebt).

*1.2 Bei Beteiligung **anderer Künstler** ist ein genauer Zeit- und Verlaufsplan mit den Namen der anderen Künstler an die Künstler zu schicken.*

Erläuterungen zu 1.2: Für ein Festival mit mehreren Bands wichtig; sicher wollt Ihr wissen, wer sonst noch auftritt, hilft, sich psychologisch auf die Show einzustellen; außerdem gibt's vielleicht Bands, mit denen zusammen Ihr auf keinen Fall auf derselben Veranstaltung spielen wollt (ich würde mich z.B. weigern, meine Bands auf Festivals zu schicken, auf denen Neonazis spielen).

*1.3 Name und Telefonnummer (am Tag des Konzerts) des **örtlichen Ansprechpartners** für technische und organisatorische Probleme: ...*

Erläuterungen zu 1.3: Ganz wichtig, falls der örtlich Verantwortliche nicht rechtzeitig da ist, die Telefonnummer zu wissen, unter der er am Tag der Show zu erreichen ist.

*2. Zufahrt, Parkmöglichkeiten: Der Veranstalter sorgt für **ungehinderte Zufahrt** zur Bühne. Er beschafft ggfs. Sonder-Durchfahrtsgenehmigungen und stellt sie den Künstlern zeitgleich mit Vertrags-Rücksendung zu. Er stellt in unmittelbarer Nähe der Bühne (bei Open Airs) bzw. des Bühneneingangs **Parkplätze** für ... LKW und ... PKW zur Verfügung.*

Erläuterungen zu 2.: Durchfahrtsgenehmigungen sind oft bei Stadtfesten und Festivals wichtig, Parkplätze in Bühnen (Eingangs-)-Nähe braucht Ihr, um die Ladewege so kurz wie möglich zu halten. Apropos Laden und Fahren: Wenn Ihr einen LKW habt, denkt daran, daß Ihr eine **Sondergenehmigung** beantragen müßt, falls Ihr sonntags auf der Straße seid (wegen des **Sonntagsfahrverbot für LKWs**).

3. Bühne/ Technik:

*3.1 Minimale **Spielfläche** der Bühne: ... x ... m; ... m Höhe; ... m Lichte Höhe.*

Erläuterungen zu 3.1: Bühnengröße ist vor allem für größere Besetzungen, Theater- oder Tanz-ähnliche Shows wichtig, die **Lichte Höhe** des Raumes (Bühnenoberkante bis Raumdecke) ist wichtig zu wissen, falls Ihr eigenes Licht mitbringt. Ihr müßt die räumlichen Gegebenheiten dann bezüglich der Stative usw. berücksichtigen.

*3.2 Die Bühne muß waagerecht und fest sein und darf keine Unebenheiten aufweisen. Der Veranstalter sorgt für eine ordnungsgemäße **Sicherung** der Bühne. Der Aufgang/Zugang zur Bühne muß beleuchtet sein.*

Erläuterungen zu 3.2: Wichtig für Eure Sicherheit. Man kann sich auf schlecht gesicherten Bühnen finsterst auf die Nase legen, und dann: Tschüs Tournee. Achtet bei Bühnen, die aus verschiedenen Elementen (Schnakenberger) zusammengeschoben sind, darauf, daß die einzelnen Elemente mit Schraubzwingen verbunden sind; bei heftiger Show und glattem Untergrund können die Elemente leicht mal auseinanderrutschen. Bei unachtsamen Sprüngen kann man sich fies verletzen, wenn man zwischen zwei Elemente gerät. Und wie es sich anfühlt, wenn man nach dem Konzert aus dem grellend hellen Bühnenlicht über eine stockfinstere Treppe abgehen soll, weiß jeder, der das schon mal machen mußte.

*❏ 3.3 Für das Schlagzeug wird ein **Schlagzeugpodest** benötigt, dessen Grundfläche ... m x ... m beträgt und ca. ... m bis ... m hoch ist.*

Erläuterungen zu 3.3: Optional, also dann ankreuzen, wenn Ihr ein Schlagzeugpodest (Drum-Rizer) braucht; es kommt oft optisch besser, wenn der Trommler erhöht sitzt.

3.4 Folgende Stromanschlüsse müssen zum Aufbaubeginn betriebsbereit sein:
Diverse Schukoanschlüsse, 220 Volt, abgesichert mit 16 Ampère in ausreichender Anzahl
Drehstromanschlüsse: ❏ *3 x 16 Amp. Cekon;*
❏ *3 x 32 Amp. Cekon;*
❏ *3 x 63 Amp. Cekon.*

Erläuterungen zu 3.4: Ihr braucht logischerweise (es sei denn, Ihr spielt rein akustisch, also unplugged) mehrere Schuko-Anschlüsse, wenn Ihr eigenes Licht und/oder eine große PA dabei habt, auch Drehstrom-(Starkstrom-)-Anschlüsse.

*3.5 Keiner der Stromanschlüsse darf weiter als 10 m von der Bühne entfernt sein. Licht- und Ton-Anschlüsse benötigen vollständig **getrennte Erdung**.*

Erläuterungen zu 3.5: Einige kleinere Clubs haben keinen separaten Starkstromanschluß für's Licht, Ihr werdet dann oft gebeten, doch den Küchen-Starkstrom-Anschluß zu benutzen. An sich kein Problem. Nur ist die Küche 45 m von der Bühne entfernt, und Drehstromkabel ist superteuer. Wie wichtig getrennte Erdung von Licht- und Ton-Stromanschlüssen ist, weiß jeder, der schon mal fünf Stunden lang vergeblich versucht hat, das Brummen aus der PA rauszubekommen, das jedesmal dann einsetzt, wenn jemand Bühnenlicht einschaltet. Apropos Erdung: es gibt immer noch elektrische Anlagen in Clubs, die eine solche gar nicht haben. Stromschläge unangenehmen bis lebensgefährlichen Ausmaßes können die Folge sein (ein Gitarrist ist mal durch einen Stromschlag umgekommen, weil er mit den Saiten seiner Gitarre an den Metallständer eines nicht geerdeten Mikros kam).

3.6 Der Veranstalter versichert, daß die elektrischen Anlagen den neuesten Verordnungen der VDE entsprechen. Bei Nichtbeachtung dieses Punktes trägt er alle Folgen sich dadurch ergebender Schäden.

Erläuterungen zu 3.6: Sichert Eure Schadensersatzansprüche, falls Eure Anlage wegen defekter elektrischer Hausleitung abfackelt.

*3.7 Die **Stromzufuhr** der Anlage darf nur mit Genehmigung der Techniker unterbrochen werden. Bei Nichtbeachtung kann eine erhebliche Schadensersatzforderung dem Veranstalter gegenüber geltend gemacht werden.*

Erläuterungen zu 3.7: Einige Veranstalter bringen es immer noch fertig, einfach den Strom abzuschalten, wenn sie finden „Nun ist aber wirklich Schluß!"; besonders bitter ist das, wenn man mit Samples oder sonstigen Computern arbeitet; Programme lieben es, bei plötzlicher Unterbrechung der Stromzufuhr unwiederbringlich abzustürzen. Aber: Die andere Seite der Medaille: Wenn es einen Curfew gibt, also einen Zeitpunkt, an dem der Veranstalter die Show unbedingt beendet haben muß (z.B. wegen Auflagen des Ordnungsamtes), dann haltet Euch daran. Schließlich habt Ihr auch nichts davon, wenn man dem Veranstalter den Laden zumacht, und bei Festivals denkt gefälligst auch an Eure Kollegen, die genauso pünktlich beginnen wollen wie Ihr.

3.8 ❏ *Die Künstler bringen eine **Ton-Anlage** mit, die zur Beschallung der gegebenen Räumlichkeiten ausreicht.*
   ❏ *Der Veranstalter stellt den Künstlern kostenlos eine um ... h spielbereite Ton-Anlage,*
   ❏ *wie sie in anliegendem technischen Rider gefordert wird.*
   ❏ *wie sie zur Beschallung der gegebenen Räumlichkeiten ausreicht.*

Erläuterungen zu 3.8: Spezifiziert, wer welche Art von PA stellt. Der Zusatz 'spielbereit' ist wichtig, weil manche Veranstalter diesen Passus sonst mißverstehen und die PA-Techniker erst zur hier genannten Uhrzeit zum Venue bestellen. Bevor dann die PA aufgebaut und verkabelt ist und Ihr mit dem Backline-Aufbau beginnen könnt, sind in der Regel mindestens zwei Stunden (für Euch mit sinnlosem Warten und Nervosität, weil sich die Zeiten der Running Order nicht mehr halten lassen) vergangen.

*3.9 ❏ Auf beiden Seiten der Bühne werden für die Tonanlage **zwei Podeste oder Tische** benötigt, die Bühnenhöhe haben, außerdem für den Mixer **zwei stabile Tische** ca. 10 - 15 m vor der Bühne.*

Erläuterungen zu 3.9: Wenn Ihr die PA mitbringt, braucht Ihr Tische für den Mixer, weil man die Boxen aus akustischen Gründen nicht direkt auf den Boden stellen sollte.

3.10 ❏ *Der Veranstalter stellt den Künstlern kostenlos eine Lichtanlage mit mindestens ... kw.*
   ❏ *wie sie in anliegendem technischen Rider gefordert wird.*
   ❏ *Die Künstler bringen eine Lichtanlage mit.*

Erläuterungen zu 3.10: Spezifiziert, wer welche Art von Lichtanlage stellt.

3.11 Die Tourleitung und die Techniker der Künstler sind gegenüber den Helfern und Ordnern weisungsberechtigt.

Erläuterungen zu 3.11: Stellt sicher, daß die örtlichen Hands und die Ordner auf die Anweisungen Eures Stage-Managers (desjenigen, der bei Euch 'Chef' über die Bühnenanordnung usw. ist) reagieren.

4. Personal: Der Veranstalter stellt den Künstlern kostenlos folgendes Personal:

- *Person mit Schlüsselgewalt und Zugang zu allen technischen Anlagen und Räumen, die vom Veranstalter autorisiert ist, zum Zeitpunkt des Aufbaubeginns.*
- *... kräftige Helfer zum Zeitpunkt des Aufbaubeginns für Auf- und später Abbau. Für jeden fehlenden Helfer, sowohl beim Auf- wie auch beim Abbau, hat der Veranstalter DM 150.- zuzügl. der gesetzl. Mwst. an die Künstler zusätzlich zum vereinbarten Honorar zu erstatten.*
- *Frontmixer, spätestens zum vereinbarten Soundcheck-Zeitpunkt.*
- *Lichtmixer, spätestens zum vereinbarten Soundcheck-Zeitpunkt.*
- *Monitormixer (bei separatem Monitormix), spätestens zum vereinbarten Soundcheck-Zeitpunkt.*
- *Ausreichende Anzahl von Ordnern, ab spätestens 30 Minuten vor Publikumseinlaß bis nach dem Verlassen des Auftrittsorts durch das Publikum.*
- *Sonstiges Personal: ...*

Erläuterungen zu 4.: Kreuzt an, bzw. tragt die Anzahl des **Personals** ein, das Ihr benötigt.

Person mit Schlüsselgewalt, die vom Veranstalter autorisiert ist, benötigt Ihr immer.

Die Anzahl der benötigten **Helfer** richtet sich außer nach dem Umfang Eures Equipments (das ist Eure gesamte Anlage) auch nach der Beschaffenheit der Ladewege. Wenn Treppen überwunden werden müssen oder die Ladewege sehr lang sind, braucht Ihr mehr Helfer, in der Regel doppelt so viele wie bei kurzen unproblematischen Ladewegen. Bestellt immer eine gerade Zahl von Helfern (2, 4, 6, 8...), denn die Hands sollen Euch ja gerade bei den großen, schweren, unhandlichen Teilen helfen, die man nur mindestens zu zweit tragen kann. Habt Ihr einen oder drei ... Helfer geordert, steht einer tatenlos rum, oder Ihr müßt mit einem der Helfer zusammen schleppen. Überfordert die Veranstalter nicht mit zu großer Anzahl benötigter Helfer (Personal ist ungeheuer kostenintensiv). Bei kleinen Clubproduktionen mit 'normalen' Ladewegen genügen in der Regel zwei Helfer völlig. Der Passus mit den Aufbauhelfern wird leider immer noch von einigen Veranstaltern recht lax gehandhabt. Es ist wichtig, daß die Künstler ihr Equipment nicht allein schleppen müssen - schon, um Verletzungen vorzubeugen, z.B. an den Händen, die das Kapital eines Musikers sind. Das kann man Veranstaltern gar nicht oft und deutlich genug klar machen.

Zum **Abbau**: An manchen Veranstaltungsorten ist es üblich, daß die Anlage nicht direkt nach dem Konzert abgebaut wird, sondern z.B. erst nach anschließender Disko-Veranstaltung. Das sollte vorher geklärt sein, damit die Techniker sich darauf einstellen können.

Und nochmal zum Thema 'Abbau': Auch bei guten Instrumentenversicherungen lassen sich Instrumente, die nachts unbewacht im Wagen lagern, nicht versichern. Wenn die Künstler nicht direkt nach dem Gastspiel ihre Anlage wieder zu Hause ausladen können, sollten sie den Veranstalter bitten, die Anlage über Nacht im Veranstaltungsort lassen und erst am nächsten Morgen in den Wagen laden zu dürfen. Falls das nicht möglich ist, parkt den Bandbus wenigstens so vor einer Mauer, einer Laterne oder sonstwas, daß die Ladetür (meistens Hecktür) nicht geöffnet werden kann. Allein das verhindert oft schon Einbrüche.

Viele Bands haben einen eigenen **Tontechniker**, so daß Euch der Veranstalter dann keinen zu stellen braucht.

Einen **Tontechniker für den Monitormix** benötigt Ihr nur dann, wenn es ein separates Monitormischpult gibt. In kleineren Clubs wird der Monitormix meistens vom Frontpult aus mit gemacht.

Wenn Ihr schon etwas bekannter und dann meistens auch finanzkräftiger seid, habt Ihr vielleicht auch einen eigenen **Lichtmixer** dabei, dann braucht Ihr keinen gestellt zu bekommen. In kleinen Clubs gibt es manchmal nur sogenanntes Standlicht, d.h. einige Scheinwerfer, die die Bühne hell und bunt ausleuchten, deren Einstellung aber nur einmal vor der Show eingerichtet wird und deren Lichtbilder und Helligkeit dann während der Show nicht mehr verändert werden können, weil sie nicht an ein Lichtmischpult angeschlossen sind. Auch dann wird natürlich kein Lichtmixer benötigt. Diese Lösung ist sicher suboptimal, aber in kleinen Clubs, die Ihr am Anfang sicher oft spielen werdet, gar nicht so selten. - That's Rock'n Roll.

Ordner stellt der Veranstalter meistens von selbst, wenn's nötig ist, weil er natürlich auch ein massives Interesse daran hat, daß alles reibungslos abläuft, daß niemand sich, ohne zu bezahlen, durch die Eintrittskasse schummelt und, schon aus versicherungstechnischen Gründen, niemand verletzt wird. Wenn Ihr aus Erfahrung wißt, daß es bei Euren Shows eine hohe Verletzungsgefahr z.B. durch Pogo-tanzendes Publikum oder durch Stage-Diver gibt, sprecht den Veranstalter darauf an und laßt ihn Security-Kräfte (Ordner) in der der Größe der Veranstaltung entsprechenden Anzahl stellen.

5. Security:
❏ *5.1   Der Veranstalter trägt dafür Sorge, daß in den Veranstaltungsraum keine **Flaschen, Dosen**, sowie Schlag-, Schuß- oder sonstige **Waffen** mitgebracht werden.*
❏ *5.2   Wird im Veranstaltungsraum Getränkeausschank betrieben, so dürfen die Getränke nur in Papp- oder Plastikbechern ausgegeben werden. Keine Gläser und keine Flaschen!*

Erläuterungen zu 5.1 und 5.2: Diese Klauseln solltet Ihr nur ankreuzen, wenn Ihr Erfahrungswerte habt, daß es bei Euren Konzerten etwas heftiger zugeht. Ansonsten macht Ihr Euch beim Veranstalter vielleicht ein bißchen lächerlich und er hat das Gefühl, daß Ihr 'mit Kanonen auf Spatzen schießt'.

5.3 Der Veranstalter trägt Sorge dafür, daß Bühne und Mischpult während der Anwesenheit der Künstler und ihrer Hilfskräfte am Veranstaltungsort vor dem Zugriff Dritter geschützt werden.
❏ *Die Bühne muß mit Absperrgittern gesichert sein.*
❏ *Das Mischpult muß mit Absperrgittern gesichert werden.*

Erläuterungen zu 5.3: Auch diese Klauseln solltet Ihr nur anwenden, wenn's nicht arg zu albern ist. Wenn mit 40 Zuschauern gerechnet werden muß bzw. das Haus nicht zumindest nahezu ausverkauft werden wird, sind diese Sicherheitsvorkehrungen sicher nicht nötig.

6. Garderoben: Der Veranstalter stellt den Künstlern und ihren Hilfskräften eine saubere, gut beheizte, abschließbare Garderobe sowie eine Waschgelegenheit mit Seife, ... Handtüchern und einem Spiegel zur Verfügung.

Erläuterungen zu 6.: Ihr braucht eine Garderobe (Backstage-Raum) als Rückzugsmöglichkeit zum Umziehen, Relaxen, Ablageplatz für Euer Zeug. Findet Euch damit ab, daß Garderoben von den Veranstaltern kleinerer Venues von der Ausstattung und Raumgestaltung her meist sehr stiefmütterlich behandelt werden, aber Minimalanforderungen sollten sie schon erfüllen (Man kann im

Winter bei einer nichtbeheizten Garderobe mit 8° Celsius wirklich nicht von einer akzeptablen Rückzugsmöglichkeit sprechen). Abschließbar oder bewacht muß dieser Raum sein, weil Ihr selbst nicht auf Eure Sachen in der Garderobe acht geben könnt, wenn Ihr auf der Bühne seid.

7. Getränke und Verpflegung:

7.1 Bei Ankunft der Künstler und ihrer Hilfskräfte bitte Kaffee, Tee, Mineralwasser und belegte Brote mit Wurst und Käse bereitstellen.

Erläuterungen zu 7.1: Oft habt Ihr eine lange Autobahnfahrt hinter Euch, wenn Ihr im Venue ankommt, und da Hunger außer Durst das primärste Bedürfnis von Musikern ist, ist es einfach nett, wenn Ihr bei Eurer Ankunft wenigstens einen **kleinen Imbiß** vorfindet. Aber verlangt hier nicht kalte Platten vom Feinsten, alles sollte sich im Rahmen bewegen.

7.2 Getränke, bitte bei Ankunft gekühlt bereitstellen: ...

Erläuterungen zu 7.2: Hier gilt das gleiche wie oben. Legt fest, was Ihr erfahrungsgemäß trinkt, aber stellt keine zu üppigen Anforderungen. Ihr solltet die benötigten Biermengen auch nicht danach ausrichten, daß Ihr nach der Show noch 30 Freunde im Backstage-Raum freihalten wollt. Meiner Erfahrung nach erfüllen die meisten Veranstalter vernünftige Getränkeforderungen gern und ohne zu murren. Wenn Ihr unverschämte Forderungen stellt, macht Ihr Euch einerseits bestimmt keine Freunde bei den Veranstaltern, zum anderen kann es dann sein, daß er Euch das hinstellt, von dem *er* denkt, daß es angemessen ist, und das ist dann meist weniger als das, was Ihr wirklich trinkt.

7.3 Catering:
❏ *Für ... Personen je ein **warmes Essen** (keine Imbißware) um ca. ... h.*
❏ *Person(en) ist/sind **Vegetarier**.*
❏ *Für ... Personen eine **Verzehrpauschale** von je DM ..., zahlbar in bar nach dem Soundcheck.*

Erläuterungen zu 7.3: Oft hat der Veranstalter eine angeschlossene Restauration, verpflegt Euch also im Haus. Viele kleineren Clubs und Jugendzentren kochen auch extra für die Musiker, meist mit sehr viel Liebe. Andere wiederum verstehen durchaus ein halbes, lauwarmes Baguette als 'warme Mahlzeit', daher der Zusatz: Keine Imbißware. Die Uhrzeit zum Essen anzugeben ist ratsam, damit der Veranstalter ggfs. seinen Koch rechtzeitig erscheinen lassen kann. Üblicherweise kommen die Köche erst kurz vor Publikumseinlaß, was meist zu spät für Euch ist, weil Ihr dann bereits bald auf die Bühne müßt (äh, dürft). Achtet bei der Uhrzeit des Essens darauf, daß sie nicht zu nah am Konzert-Beginn liegt. Jeder Musiker, dem schon mal wegen vollen Magens auf der Bühne sterbensübel geworden ist, weiß, wovon ich rede.

Wenn Ihr **Vegetarier**, Diabetiker oder sonstwie auf besonderes Essen angewiesene Musiker/Techniker dabeihabt, weist gleich im Vertrag darauf hin, damit sich der Koch von vornherein darauf einstellen kann. Falls Ihr eine **Verzehrpauschale** statt einer warmen Mahlzeit vereinbart habt, tragt hier ein, für wieviel Personen welcher Betrag pro Person vereinbart wurde (Die Gesamtsumme kommt in den Vertrag unter Verzehrpauschale).

8. Übernachtung

8.1 Der Veranstalter bucht für die Nacht vom ... zum ...
- ❑ *... Einzel- und ... Doppelzimmer mit eingeleg. Dusche/WC und Frühstück in einem Hotel mindestens mittlerer Kategorie, möglichst nah am Veranstaltungsort gelegen.*
- ❑ *private Übernachtungsmöglichkeiten für ... Personen, sowie je ein Frühstück am nächsten Morgen.*

*8.2 **Hotel-Adresse** mit Telefon- und Fax-Nummer: ...*

8.3 Der Veranstalter verpflichtet sich, das Hotel darüber zu informieren, daß die Künstler evtl. erst nachts eintreffen. Bei einem Hotel ohne Nachtportier sind die Hotelschlüssel vor Auftrittsbeginn an die Künstler auszuhändigen.

*8.4 Der Veranstalter trägt dafür Sorge, daß die Künstler **nicht vor 12:00 h aus dem Hotel auschecken** müssen.*

Erläuterung zu 8.: Falls der Veranstaltungsort weit (im Durchschnitt mehr als 150 km) von zuhause entfernt liegt, oder wenn Ihr auf Tournee seid, braucht Ihr Übernachtungsmöglichkeiten. Tragt hier ein, was Ihr mit dem Veranstalter vereinbart habt, wie viele Zimmer, wann, wo. 'Möglichst nah am Veranstaltungsort' ist nicht unwichtig. Es ist sehr lästig, spätnachts nach dem Auftritt noch weit fahren zu müssen, um ins Bett zu kommen.

Auch wichtig ist der Passus zur späten Ankunft im Hotel - das ist im Musikgeschäft nämlich die Regel und nicht die Ausnahme. Es wäre nicht das erste Mal, daß eine Band zwar Hotelzimmer gebucht bekommen hat, aber dann nach der Show vor verschlossenen Türen steht, weil kein Nachtportier da ist und der Veranstalter nicht rechtzeitig die Schlüssel hat abholen lassen.

In den meisten Hotels gibt es einerseits nur bis 10:00 h Frühstück und andererseits müssen die Zimmer spätestens um 11:00 Uhr geräumt sein. Für Langschläfer, was nachts arbeitende Musiker in der Regel sind, ist es zur Not möglich, auf das Frühstück zu verzichten, aber frühmorgens rauszumüssen, wenn eigentlich keine Zeitnot herrscht, nur weil das Zimmer geräumt sein muß, ist bitter.

*9. Merchandising: Wird von den Künstlern **Merchandising** betrieben, so stellt der Veranstalter kostenlos einen gut sichtbaren Platz (ca. 8 qm) mit Tischen, Stühlen und Beleuchtung zur Verfügung. Die Künstler haben das Exklusiv-Verkaufsrecht für **Non-Food-Artikel**.*

Erläuterungen zu 9.: Nicht unwichtig, dieser Passus, denn einige Veranstalter wollen Euch mit Euren Merchandising-Artikeln entweder auf Plätze verbannen, an denen kaum jemand aus dem Publikum vorbeigeht oder wollen eine Art Standmiete für diesen Platz (meistens in Form einer Beteiligung an Euren Merchandising-Einnahmen) kassieren. Dieser Passus schützt Euch vor beidem, die Exklusivitätsklausel sorgt dafür, daß Ihr Euch nicht plötzlich in einer 'Markthalle' mit zig anderen Merchandising-Verkäufern vorfindet.

10. Besondere Regelungen bei Open Air-Veranstaltungen:

10.1 Falls das Konzert im Freien aus Witterungsgründen nicht möglich ist, so ist vom Veranstalter ein geeigneter Raum zur Verfügung zu stellen. Sollte auch das nicht möglich sein, ist das Honorar in Höhe der vereinbarten Vertragsstrafe zu zahlen.

*10.2 Bei Open Air- sowie bei Zelt-Veranstaltungen müssen Bühne, Ton- und Lichtanlage sowie der gesamte Mixer-Platz von oben und seitlich vor **Nässe und Sturm** geschützt werden.*

Erläuterungen zu 10.: Die **Open Air-Regelungen** sind sehr wichtig. Wie jeder weiß, sind Elektrizität und Nässe erbitterte Feinde, wobei Freund Nässe in der Regel den Sieg über jegliche elektrische Anlage davonträgt und dabei auch gern noch das eine oder andere Menschenleben per Stromschlag mitnimmt. Das wissen natürlich auch die Veranstalter, vergessen dabei aber leider oft, daß Nässe nicht nur von oben kommt sondern auch von der Seite, und daß Regen um den Mixerplatz (meist die Nässe-empfindlichsten elektrischen Teile) herum keinesfalls einen Umweg macht. Ähnliches gilt für Sturm: Es ist nicht nur schlecht für's Image des Musikers, wenn seine kunstvoll hochtoupierten Haare zerblasen werden, es ist darüber hinaus nicht ungefährlich, wenn von Windstärke 8 über die Bühne getriebene Notenständer, Mikrophone oder sonstwas sich selbständig machen.

Sollten sich in der Erfüllung irgendeines Punktes der Ablaufs-Vereinbarung und Bühnenanweisung Schwierigkeiten abzeichnen, so ist der Veranstalter verpflichtet, dies unverzüglich den Künstlern mitzuteilen, um gemeinsam Lösungsmöglichkeiten zu finden.

Erläuterungen zum Schlußsatz: Der **Abschlußsatz unter der Bühnenanweisung** deutet an, daß Ihr damit rechnet, daß es zu dieser Bühnenanweisung Fragen oder Probleme in der Erfüllung geben wird. Der Zusatz 'gemeinsam Lösungswege zu finden' ist Produkt meiner Geschäftseinstellung: Es ist nicht nur Problem des Veranstalters, Lösungen für schwierige Situationen zu finden, sondern seine Probleme sind auch die meinen; hier signalisiere ich Kompromißbereitschaft für die Fälle, in denen es mir möglich ist.

Unterschrift des Veranstalters mit Datum und Firmenstempel.

Erläuterungen zur Veranstalterunterschrift: Ihr braucht die Bühnenanweisung nicht zu unterschreiben, weil sie nur vom Veranstalter erfüllt zu werden braucht. In ihr sind keine Pflichten Eurerseits genannt.

7.3 Der Technische Rider mit Erläuterungen

Muster eines Technischen Riders

BANDNAME - Technischer Rider

1. Belegung der Kanäle

1	Bass	AKG D 112, SH 409	13	Vox (SL)	SM 58, BD M 700
2	Snare	SM 57	14	Vox (C)	SM 58, BD M 700
3	Hi Hat	Condenser, BD M 201	15	Vox (SR 1)	SM 58, BD M 700
4	Hi Tom	SM 57, MD 409	16	Vox (SR 2)	SM 58, BD M 700
5	Lo Tom	SM 57, MD 409	17	Conga	SM 57, SH MKE 40
6	Overhead left	C 535 EB, C 451 E	18	Bongos	SM 57, SH MKE 40
7	Overhead right	C 535 EB, C 451 E	19	OH Woodblocks	BD M 201, Condenser
8	Bass	D.I. (active)	20	OH Woodblocks	BD M 201, Condenser
9	E-Git (SL)	SH 509, SM 57	21	Timbales	SM 57
10	E-Git (SR)	SH 509, SM 57	22	Violine	AKG C 408, Condenser
12	A-Git (SR)	D.I. (active)	23, 24	Support- or other Bands	

2. Bühnenaufbau

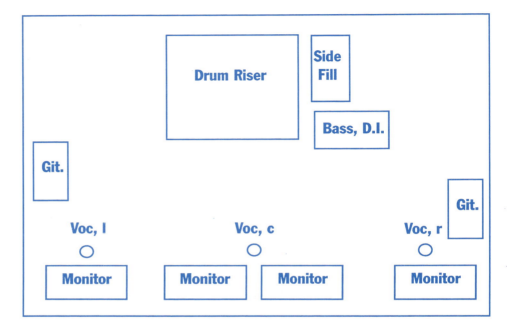

3. Frontanlage

- Größe den Räumlichkeiten entsprechend; laut genug und bitte mit ausreichend low-end (Bässen)
- Kein Eigenbau!
- **Pult:** 24-Kanal mit mind. 4-Band-EQ, parametrisch Insert/Kanal
  - mind. 2 Effektwege
  - mind. 2 Stereo Returns
  - Subgruppen mit Inserts erwünscht
- **Side-Rack:** 2 x 1/3 Octav EQs, 30-Band, Klark o.ä.
  - 2 x Compressor dbx 160 oder 166
  - 2 x Noise-Gate Drawner oder dbx
  - 1 x Digital-Delay Yamaha REV 5, Lexicon
  - 1 x Tape-Deck
  - 1 x CD-Player
  - 1 x geschlossener Kopfhörer

4. Monitor-Anlage:

- **Pult:** mind. 16-Kanal, 4 Wege, mit 1/3 Octav EQs, 30 Band
- **Wedges:** 6 x Wedge JBL, EV, 15" + 1"
  1 x Drumfill JBL, EV, 2 x 15" + 2"

Dieser technische Rider ist wesentlicher Bestandteil des Vertrages. Sollten sich bei der Erfüllung in irgendeinem Punkt Schwierigkeiten abzeichnen, so ist der Veranstalter verpflichtet, dies unverzüglich den Künstlern mitzuteilen, um gemeinsam Lösungsmöglichkeiten zu finden.

Kontakt für technische Fragen und Probleme:
(Name, Telefon- und ggfs. Fax-Nummern)

Erläuterungen zum Technischen Rider:

Für die Fälle, in denen Ton- und Lichtanlage vom Veranstalter gestellt werden, erstellt einen Technischen Rider. Das ist eine genaue Spezifikation der technischen Geräte, die Ihr für Euer Konzert benötigt. Jede Band benötigt je nach Besetzung, Musikrichtung und Größe unterschiedliche Elemente einer Tonanlage. Der Rider sollte alle Mikrofone, D.I.-Boxen, Pultanforderungen, benötigte Effekt- und Peripheriegeräte und Anforderungen an die Monitoranlage enthalten, die Ihr zur Durchführung Eures Konzerts braucht. Je genauer Euer technischer Rider ist, umso besser können sich die Leute von der PA-Firma in Eure Bedürfnisse hineinversetzen und die Technik am Tag des Konzerts vorbereiten. Ein guter Technischer Rider enthält:

- Eine genaue **Belegung der Kanäle** des Front-Mischpults (Reihenfolge von 1 -...: Schlagzeug, Baß, Gitarre(n), Keyboard, sonstige Instrumente, Gesangsmikrofon(e), Effektwege...)
- **Zeichnung Eures Bühnenaufbaus**, damit sich die Techniker Euren Aufbau besser optisch vorstellen können und die Mikrofone etc. schon vor Eurem Ankommen an die ungefähr richtigen Plätze auf der Bühne stellen können und damit die Aufbauhelfer wissen, welcher Amp wohin muß usw. (Spart viel Hin- und Hergetrage beim Aufbau).

- **Auflistung der Anforderungen** an Front-Mischpult, Monitoranlage, Peripherie und evtl. Lichtspezifikationen
- **Kontaktadresse** und Telefonnummer desjenigen, der bei Euch für die Technik zuständig ist, damit die Techniker des Veranstalters direkt mit Eurem Techniker sprechen können, wenn Fragen oder Probleme auftauchen.

Haltet Euch mit Euren technischen Anforderungen im Rahmen des für den Veranstalter finanziell und organisatorisch Machbaren. Fordert das, was Ihr wirklich braucht, um einen guten Sound abliefern zu können, aber legt dabei nicht den Maßstab einer *Pink Floyd*-Produktion an. Die meisten Technischen Rider, gerade die von noch nicht so erfahrenen Bands, enthalten überzogene und unrealistische Forderungen.

Das Buchen von Tourneen 8

Von einer **Tournee** spricht man immer dann, wenn drei oder mehr Auftritte am Stück stattfinden. Die nicht gespielten freien Tage einer Tour nennt man 'off days'.

Eine Tour ist sehr viel schwieriger zu buchen als verschiedene Einzelauftritte, weil hier sehr viel mehr koordiniert werden muß. Wie schwierig das ist, und daß selbst Profis daran hart arbeiten müssen, merkt Ihr schon an zwei Abkürzungen in den Tourdaten-Abdrucken oder den Tour-Anzeigen verschiedener Tourneeveranstalter in den Musikzeitschriften, die Ihr dort immer wieder findet:

t.b.a.: Das bedeutet **'to be announced'** (Muß noch angekündigt werden). Der Tourneeveranstalter will damit ausdrücken, daß er für diesen Tag gern noch eine Show buchen möchte, aber noch nicht weiß, in welcher Stadt oder in welchem Venue.

t.b.c.: Das steht für **'to be confirmed'** (Muß noch bestätigt werden) und bedeutet, daß der Tourveranstalter zwar schon in konkreten Verhandlungen mit dem Veranstalter eines Venues steht, aber die definitive Zusage noch aussteht.

Bei einer Tour muß zum einen das Routing einigermaßen passen. 'Routing' heißt die räumliche Abfolge der einzelnen Shows; montags in Kiel, dienstags darauf in München, am Mittwoch in Dresden, Donnerstag in Dortmund und Freitag in Freiburg ist ein Routing, das einerseits die Fahrtkosten ins Unermeßliche hochschnellen läßt, andererseits die Musiker derartig schlaucht, daß sie kaum vernünftige Shows spielen werden (vom Spaß mal ganz zu schweigen). Einige Strecken sind auch ganz einfach zeitlich, selbst bei der Bereitschaft der Künstler, auf's Schlafen völlig zu verzichten, beim besten Willen nicht zu schaffen (Bandbusse und LKWs können nun mal nicht mit 160 Stundenkilometern über die Kasseler Berge knüppeln).

Routing muß passen

Zum anderen muß eine Tournee, genau wie Einzelauftritte, **finanziell kalkulierbar** sein. Bei Einzelauftritten kann man leichter 'nein' als beim Buchen einer Tour sagen, wenn man sich mit dem Veranstalter finanziell nicht einig wird, weil man auf der Tour einfach viele Auftritte in direkter Abfolge braucht. Wenn man normalerwei-

Tour muß sich rechnen lassen

se nur an Wochenenden auftritt, kann man sicher bessere Gagen aushandeln, als wenn man unbedingt an einem Dienstag im Raum Heidelberg/Mannheim eine Show braucht. Aus diesen Gründen verhandeln die Örtlichen Veranstalter bei Tourneen finanziell auch härter; sie wissen natürlich, daß Ihr auf den Auftritt stärker angewiesen seid als beim Buchen von Einzelshows. Außerdem gehen sie davon aus, daß Eure Kosten auf jeden Einzelauftritt umgerechnet bei einer Tour geringer sind, denn Ihr werdet z.B. mit Eurem Tontechniker oder dem Bandbusverleiher eine Tourpauschale vereinbart haben und beiden nicht so viel bezahlen wie für lauter zeitlich verstreute Einzelgigs in gleicher Anzahl.

Off-days in Tour einplanen

Apropos 'viele Auftritte in direkter Reihenfolge': Denkt beim Buchen auch an Euren Sänger. Die wenigsten Stimmen halten 5 oder mehr Shows Abend für Abend durch, wenn nicht ein off day dazwischen ist. Plant bewußt freie Tage zwischendurch ein, klärt das vor allem mit dem Sänger, denn einige Stimmen brauchen auch schon nach drei Tagen einen Ruhetag. Niemand hat etwas davon, wenn die Stimme am 4. Abend zusammenbricht und alle weiteren Shows wegen Kehlkopfentzündung oder ähnlichem abgesagt werden müssen.

Booking frühest möglich beginnen

Fangt also eine Tournee so frühzeitig wie möglich, mindestens ein halbes Jahr vor geplantem Start **an zu buchen**, sonst gibt's garantiert Routing- und finanzielle Schwierigkeiten. Außerdem brauchen diejenigen von Euch, die sich z.B. in ihren nicht-musikalischen Jobs Urlaub nehmen müssen, oder Eure Tontechniker, die sonst vielleicht schon andere Einzeljobs für den Tourzeitraum angenommen haben, diesen Vorlauf.

Timing der Tour

Versucht, **Tourneen nicht im Sommerloch** zu machen, achtet in Universitätsstädten auf die Semesterferien und überall auf die **Schulferien** bzw. sonstige örtliche Besonderheiten (Während der Betriebsferien von VW in Wolfsburg aufzutreten, ist völliger Schwachsinn). Eine Tour ausgerechnet während der **Fußball-WM** zu machen, ist zumindest im fußballbegeisterten Deutschland auch nicht besonders clever.

Tourneen am besten **immer mit etwas anderem koppeln** (neue Plattenveröffentlichung oder anderem). Eines ergänzt immer das andere, sonst habt Ihr wenig Chancen, daß Ihr bei den Medien redaktionell berücksichtigt werdet.

Auftrittspromotion 9

Mit Abschluß eines Vertrags ist die Arbeit zu einem Gastspiel natürlich noch nicht beendet, eigentlich fängt sie erst an. Ihr wollt ja schließlich auch Zuschauer haben und die veranstaltereigene Werbung ist oft nur als Routineakt für sein gesamtes Monatsprogramm zu verstehen. Der Örtliche Veranstalter kümmert sich logischerweise nicht mit dem gleichen Engagement wie Ihr um Euren Auftritt. Daher sollt Ihr ihn in der Werbung so stark als möglich unterstützen, zumal heutzutage kaum noch Zuschauer in Konzerte von Bands gehen, die sie nicht kennen.

In diesem Punkt hat sich in den letzten Jahren viel verändert. 'Früher' waren viele Konzerte auch dann gut besucht, wenn die Band noch relativ unbekannt war.

Das hat meiner Meinung nach mehrere, unterschiedliche Gründe: Zum einen haben die Leute zur Zeit einfach nicht so viel Geld für 'Kultur' übrig wie in wirtschaftlich besseren Zeiten. Der Lebensbereich Kultur spürt eine wirtschaftliche Talfahrt immer zuerst.

Zweitens sind in den letzten Jahren die Riesenkonzerte und Festivals wie Pilze aus dem Boden geschossen, deren Besuch immer höhere Eintrittspreise kostet. Wer nicht gerade zu den sogenannten 'Besserverdienenden' gehört und gerade 70.- DM für ein *Phil Collins*-Konzert ausgegeben hat, überlegt sich dreimal, ob er noch weitere 15.- DM für eine ihm unbekannte Band ausgibt.

Drittens: Nicht nur die wirklich großen Konzerte sind häufiger geworden, auch das gesamte Kulturangebot überall ist in den letzten Jahren deutlich verstärkt worden, so daß mancherorts einfach eine gewisse Übersättigung beim Publikum zu spüren ist. Wer z.B. in Hamburg, München oder Köln lebt, kann an sieben Tagen der Woche jeweils zwischen fünf bis vierzig Musikveranstaltungen wählen. Daß dabei das einzelne Konzert nicht mehr so gut besucht ist, scheint einleuchtend.

Und: Wenn Ihr auch nur halbwegs aufmerksame Radio-Hörer seid, werdet Ihr, vielleicht wie ich mit Bedauern, festgestellt haben, daß

> Mit dem Abschluß eines Gastspielvertrags fängt die eigentliche Arbeit erst an.

> Es wird immer schwieriger, viele Besucher in ein Konzert zu locken

sich zwar die Anzahl der Radio-Sender durch das Hinzukommen von privaten Stationen in den letzten Jahren vervielfacht hat, daß sich die Programme der einzelnen Sender dafür aber immer ähnlicher werden. Fast ist es egal, welchen Sender man einschaltet. Überall hört man, so scheint es mir jedenfalls zu sein, annähernd dieselbe Musik: Die Charts rauf und runter und wieder rauf. Immer mehr Special-Sendungen werden aus dem Programm genommen, was immer weniger Raum bietet für 'Nischen-Musik'. Immer häufiger dürfen die Moderatoren ihr Musik-Programm nicht mehr selbständig zusammenstellen, sondern müssen vom Computer zusammengestellte Musikfolgen senden. Dem persönlichen Geschmack von Moderatoren und Zuhörern wird immer weniger Raum gelassen. Aus Sicht der Sender mit dem Argument, daß das Programm möglichst breitenwirksam sein muß, damit viele Menschen diesen Sender hören, damit wiederum die Werbezeiten gut verkauft werden können. Jeder Werbekunde schaltet natürlich seinen Werbespot lieber bei einem vielgehörten Sender als bei einem, der nicht so viele Hörer erreicht. Also muß alles aus dem Programm fliegen, an dem sich 'der Hörer' (Who, the hell, ist *der* Hörer?!) stoßen und dadurch einen anderen Sender einstellen könnte. So geht dadurch, daß die privaten Sender sich nicht durch Gebühren finanzieren wie die Öffentlich-Rechtlichen Sender, sondern durch Werbeeinnahmen, jedes individuelle Profil eines Radio-Senders verloren. Alles, was Ecken und Kanten hat, was weggeht von Unterhaltung, die so seicht und oberflächlich ist, daß es einfach nix mehr in ihr gibt, an dem man sich stoßen könnte, fliegt raus. (Bei den privaten Sendern kann ich das sogar noch nachvollziehen - obwohl es auch dort sicher noch andere Möglichkeiten der Programmgestaltung gäbe, ohne in Konkurs zu gehen - sie sind eben auf die Werbe-Einnahmen angewiesen. Aber warum die Öffentlich-Rechtlichen, die diese wirtschaftlichen Zwänge nicht haben, nachziehen, statt ihre riesige Chance zu nutzen und Alternativ-Programme zu dem seichten Einheits-Krams zu entwickeln, wird mir auf immer ein Rätsel bleiben). Eure Chancen, daß Euch Hörer durch das Radio kennenlernen, gehen also immer mehr gen Null, solange Ihr nicht in den Top 50 der Charts seid (dann kennen Euch die Hörer aber sowieso schon und Ihr seid auf diese Werbung nicht mehr so angewiesen).

Also solltet Ihr jede nur denkbare Promotion-Möglichkeit nutzen, um Eure Band überregional und regional bekannter zu machen und Zuschauer in Eure Konzerte zu bekommen:

Jede nur denkbare Promotion-Möglichkeit nutzen.

9.1 Plakate

Sprecht mit dem Veranstalter ab, wie viele Plakate er braucht. Knausert nicht mit Postern, aber sagt ihm auch, daß er nur so viele bestellen soll, wie er auch wirklich verkleben lassen kann. Ab drei Wochen vor Gastspieltermin sollten sie geklebt werden; wenn's in der Nähe ist, könnt Ihr ja mal kontrollieren. Wenn Ihr wirklich engagiert seid und der Auftritt in Eurer Heimatregion ist, bietet dem Veranstalter an, selbst zu plakatieren.

Plakate nicht in Rollenform verschicken sondern - ohne Knick - falten, sonst gelten sie postalisch als Sperrgut, was sehr viel teurer ist.

9.2 Stadtmagazine und Tagespresse

Veranstalter bekommen von Euch eine abgesprochene Anzahl Infos und Fotos, die sie an die örtlichen Printmedien schicken. Fragt ihn, an welche und telefoniert selbst *vor* Redaktionsschluß mit den Zeitschriften, Zeitungen, ob und inwiefern sie Euer Gastspiel redaktionell berücksichtigen. Sprecht mit den Redakteuren, ob ein 'Tagestip' oder Fotoabdruck möglich ist, schlagt vor, Eintrittskarten (das müßt ihr dann natürlich mit dem Veranstalter klären), T-Shirts oder was auch immer für eine Verlosung zur Verfügung zu stellen. Ladet die Redakteure zum Konzert ein (nicht vergessen, sie dann auf die Gästeliste setzen zu lassen), vielleicht ist sogar ein Interview möglich.

Vor Redaktionsschluß die interessanten Printmedien angehen

Redaktionsschluß:

- Bei **überregionalen Musikzeitschriften** bis zu 8 Wochen vor Termin
- Bei **redaktionellen Berichten in Stadtmagazinen** bis zum 1. des Vormonats
- Bei **Veranstaltungshinweisen in Stadtmagazinen** spätestens am 10. des Vormonats
- Bei **Wochenzeitungen** ca. 2-3 Wochen vor Termin
- Bei **Tageszeitungen** ca. 2 Wochen vor Termin

9.3 Rundfunk, Fernsehen

Fast alle Radiosender, die Öffentlich-Rechtlichen und die vielen privaten, haben Sendungen, in denen sie Veranstaltungshinweise bringen. Ruft rechtzeitig an und laßt sie den Hinweis auf Euer Konzert senden. Viele Sender, besonders die kleineren privaten, machen auch gern Interviews mit Bands. Vielleicht kann man kurz vor dem Konzert noch in den Sender und ein Interview machen. Ladet auch deren Redakteure zum Konzert ein, manchmal kommen sie sogar. Inzwischen gibt es auch viele regionale TV-Stationen, bei denen ab und an ein Auftritt machbar ist. Für Radio und TV wäre es natürlich sehr nützlich, wenn es schon eine Platte oder CD von Euch gibt. Einige Sender können aber auch mit - qualitativ guten - Cassetten arbeiten.

9.4 Musikzeitschriften

In vielen Musikzeitschriften könnt Ihr Eure Konzerttermine abdrucken lassen, manche arbeiten nur mit Profis zusammen, aber viele nehmen auch Termine von nicht-professionellen Bookern entgegen. Diese Tourpläne werden viel gelesen und sind ein wichtiges Werbemedium.

Merchandising 10

Gute 'Neben'-**Einnahme-Quelle** und prima **Werbeträger**. Bei vielen Bands auch durchaus als Haupteinnahme-Quelle zu bezeichnen. Als Merchandising-Artikel eignet sich alles, was non-food (also nicht eßbar), für die Zuschauer bezahlbar, in der Szene gerade 'angesagt' und nicht niet- und nagelfest ist: Tonträger, T-Shirts, Käppis, Shorts, Socken, Poster, Aufkleber, Fotos, Ventilatoren (damit hätte man im letzten Sommer ein Mörder-Geschäft machen können), Stifte, und unendlich viel mehr. Verkauft keine gefährlichen Dinge, also nichts Waffen-ähnliches, das kann sich als böser Bumerang erweisen.

Gut geeignet sind Merchandising-Artikel auch als Promotion-Geschenke für wichtige Geschäfts- und Medienpartner und als Preise für Verlosungsaktionen.

Versucht, Euer Merchandising so lange wie möglich selbst zu machen bzw. die Rechte daran selbst zu behalten. Man kann mit Merchandising wirklich gutes Geld verdienen und Bestellung, Herstellung und Verkauf könnt Ihr bzw. ein vertrauenswürdiger Freund oder Roadie von Euch über lange Zeit hinweg selbst übernehmen, weil man hierzu nicht sehr erfahren sein muß. Wie's geht, kriegt man schnell mit.

Ihr müßt natürlich darauf achten, daß immer genügend Merchandising-Artikel zum Verkauf vorhanden sind. D.h. Ihr müßt Entwurf, Herstellung, Vervielfältigung und Lieferung im Griff haben, die Buchhaltung über An- und Verkauf genau führen und dafür sorgen, daß die Artikel überall rechtzeitig und heil ankommen. Aufwendig wird das eigentlich erst, wenn Ihr wirklich viele Merchandising-Artikel verkauft, oder auf einer Tournee durch mehrere Länder mit ihren unterschiedlichen Zollbestimmungen fahrt.

Falls Ihr zu Beginn Eurer Laufbahn als Merchandiser nicht genügend Geld in der Bandkasse habt, um die ersten 50 oder 100 T-Shirts und Käppis herstellen zu lassen, nehmt lieber bei Muttern, Freunden oder sogar einer Bank einen kleinen Kredit auf, als nur wegen nicht ausreichender Anschub-Finanzierung auf ewig Teile Eurer Rechte wegzugeben. Ihr habt bei Merchandising-Artikeln eine attraktive

Merchandising - eine wichtige Einnahmequelle für Bands

Rechte am Merchandising solange wie möglich selbst behalten

Merchandising sorgfältig planen und verwalten

Merchandising - Gewinne reinvestieren

Gewinnspanne. Die Sachen verkaufen sich erfahrungsgemäß auch bei Newcomer-Bands recht gut, so daß Ihr das vorgelegte Geld schnell wieder drin habt. Schlauerweise solltet Ihr den Gewinn aus den Merchandising-Geschäften gleich wieder reinvestieren, d.h. zur Herstellung weiterer Merchandising-Artikel verwenden, nachdem Ihr eventuelle Schulden zurückbezahlt habt. Auf diese Art und Weise kommen durch Merchandising innerhalb recht kurzer Zeit erkleckliche Gewinne zustande, ohne daß Ihr ein großes finanzielles Risiko eingehen müßt.

Örtliche Veranstalter versuchen immer öfter, an Euren Merchandising-Einnahmen zu partizipieren

In manchen Ländern, leider auch immer öfter in Deutschland, kommt es inzwischen vor, daß man dem Örtlichen Veranstalter eine Provision bezahlen muß, um überhaupt etwas am Veranstaltungsort verkaufen zu dürfen. Diese Provision liegt zwischen 15% des mit Merchandising-Artikeln erzielten abendlichen Umsatzes in kleineren Venues und 40% (!) bei größeren Venues in den USA. Manchmal könnt Ihr diese Provisionszahlung durch Diskussionen abbiegen, zumindest könnt Ihr Euch vor unangenehmen Überraschungen vor Ort dadurch schützen, daß Ihr in den Gastspielvertrag eine Klausel aufnehmt, die festschreibt, daß Ihr keine Merchandising-Provision zu bezahlen braucht. Wenn der Veranstalter sich dann darauf nicht einlassen will, muß er das Thema zumindest ausdrücklich mit Euch diskutieren.

Gestaltung Eures Merchandising-Stands

Gebt Euch Mühe bei der Gestaltung Eures Merchandising-Stands (das Auge ißt mit), achtet darauf, daß Ihr eine **Beleuchtung** dabeihabt (was nicht ins Auge fällt, wird nicht verkauft), und versucht, als Musiker nach der Show wenigstens für eine kurze Zeit selbst am Merchandising-Stand zu sein. Ihr werdet schnell merken, daß durch **Eure persönliche Anwesenheit** die Verkaufszahlen sprunghaft in die Höhe schnellen.

Postkarten für Merchandising-Bestellungen und für Aufbau von Fan-Kartei

Stellt **Bestellpostkarten** her, die Ihr am Stand kostenlos verteilt und den Käufern von Artikeln mitgebt. Das hat zwei Vorteile: Die Zuschauer haben oft nicht genug Geld dabei, um alles, was sie kaufen wollen, sofort zu bezahlen und freuen sich hinterher, wenn sie die anderen Artikel per Post bestellen können.

Zweitens könnt Ihr über diese Bestellpostkarten eine prima Fan-Kartei aufbauen, denn die Karten enthalten ja den vollständigen Absender des Bestellers. Ihr könnt davon ausgehen, daß Leute, die sich Merchandising-Artikel von Eurer Band kaufen, auch an weiteren Neuigkeiten und Konzert-Terminen von Euch interessiert sind. Wenn Ihr diese Adressen gut archiviert, könnt Ihr die Leute bestimmter Regionen anschreiben und sie in Kenntnis davon setzen, wenn Ihr wieder mal in der Gegend auftretet. Ihr könnt Euch auch überlegen, an alle 'Fans' in regel- oder unregelmäßigen Abständen Briefe zu schreiben, in denen Neuigkeiten über Eure Band stehen. So hält man sich das Interesse seiner Fans warm und kann bei ihnen nicht in Vergessenheit geraten.

Da Tonträgerfirmen den Erfolg eines Künstlers als Ergebnis ihrer Arbeit betrachten, wollen sich jetzt auch immer mehr deutsche Plattenfirmen eine Scheibe dieses Kuchens abschneiden. Zwar haben die Merchandising-Rechte grundsätzlich nichts mit der direkten Verwertung von Aufnahmen zu tun. Aber die Companies haben längst erkannt, daß erhebliche Summen mit den Bildern, Logos und den Namen ihrer Stars zu verdienen sind.

Auch Plattenfirmen versuchen immer häufiger, an Euren Merchandising-Einnahmen beteiligt zu werden

So sind inzwischen Klauseln für die Übertragung von (Merchandising)-Verwertungsrechten in vielen Künstlerverträgen zu finden - und das nicht nur bei den Major-Companies, also den ganz großen, international arbeitenden Plattenfirmen. Auch Independent-Firmen, also kleinere, national arbeitende Plattenfirmen, wollen immer öfter an den Merchandising-Umsätzen ihrer Bands, die oftmals höher sind als die eigentlichen Plattentantiemen, beteiligt sein. Es ist also kein Wunder, daß sich Tonträgerfirmen an den entsprechenden Merchandising-Agenturen beteiligen, wenn erfolgreiche Bands jeder musikalischen Stilrichtung Spitzenumsätze mit Merchandising-Artikeln erreichen. Fast jede große Plattenfirma hat ihre eigene Merchandising-Abteilung oder hat eine eigene Merchandising-Firma gegründet.

Grundsätzlich unterscheidet man zwischen zwei Arten von Merchandising: Auf der einen Seite gibt es das **Tournee-Merchandising** (Verkauf der Artikel am Veranstaltungsort), womit etwa 60% des Gesamtumsatzes erreicht werden. Andererseits gibt es das **Retail-Merchandising**, in dem die Verkäufe über den Handel oder die Post abgewickelt werden.

Tour-Merchandising und Retail-Merchandising

Es gibt keine Standard-Merchandising-Vereinbarungen mit Merchandising-Agenturen, aber man kann im Groben drei Kategorien nennen:

1. Erfolgreichen Künstlern werden von der Merchandising-Agentur manchmal **längerfristige Deals** von etwa zwei Jahren angeboten

Längerfristiger Merchandising-Deal mit Vorschuß und Tantiemen

und ein **verrechenbarer Vorschuß** gezahlt. Diese Möglichkeit bekommen fast ausschließlich internationale Spitzenverdiener angeboten. Dieser Deal ähnelt einem Künstlervertrag mit einer Plattenfirma: Der Künstler überträgt meistens die weltweiten Exklusivrechte am Merchandising einer Agentur, die dann dem Künstler Tantiemen für die verkauften Waren bezahlt. Auch Merchandiser haben den wirtschaftlichen Abschwung der letzten Jahre gespürt. Weniger Leute gehen zu Konzerten und geben dann auch dort weniger Geld aus. Darum nimmt Retail-Merchandising, d.h. über den Handel, über Mail-Order, durch Fan-Clubs usw. ständig an Wichtigkeit zu. Retail-Merchandiser sind oft Spezialisten in Bezug auf bestimmte Artikel oder in einer Region. Darum werden ihre Sub-Lizenzen oft mit mehreren Beschränkungen verbunden sein.

Split-Profit-Merchandising-Deal

2. Es kann auch einfach der Gewinn (Gesamt-Umsatz abzüglich der Kosten) zwischen Merchandising-Agentur und Künstler aufgeteilt werden. Im Fall dieser sogenannten **'Split-Profit'-Deals** übernimmt die Merchandising-Agentur die Verantwortung für die Bestandskontrolle, den Transport, den Verkauf etc.. Mit dieser Art Deal kann der Künstler von der Erfahrung der Agentur profitieren, und die Agentur hat die Chance, ohne größere Vorschüsse nicht unerheblich zur Entwicklung der Karriere des Künstlers beizutragen, auch um dadurch eine längerfristige Beziehung mit ihm zu entwickeln. Split-Profit-Deals sind auch für alle Beteiligten meistens leicht zu verstehen. Jeder weiß, wie hoch die Kosten sind und wie hoch sein Anteil am Ende ausfällt. Der prozentuale Gewinnanteil des Künstlers ist immer höher als der der Agentur und bewegt sich zwischen 60 und 70% des Gewinns. Die Merchandising-Agentur organisiert und bezahlt das Verkaufsteam, bezahlt ggfs. die Veranstalterprovision, die Herstellung der Merchandising-Artikel sowie alle anderen Kosten, die durch Artwork, Transport, Buchhaltung etc. entstehen. Diese Kosten werden dann vom Gesamtumsatz abgezogen. Der verbleibende Rest Geldes ist der zwischen Künstler und Agentur zu verteilende Gewinn.

Merchandising-Artikel-Belieferung gegen kompletten Gewinn für Euch

3. Die dritte Möglichkeit ist die bereits oben genannte, daß Ihr nämlich von der Merchandising-Agentur gegen Vorauszahlung, später vielleicht gegen Rechnung **mit den Artikeln beliefert werdet und Euch um alles Restliche selbst kümmert**, dafür aber auch den gesamten Gewinn einstreicht.

10.1 Merchandising-Verträge

Wenn Ihr die Rechte, Merchandising-Artikel herzustellen und zu verkaufen auf andere übertragt, gibt es mehrere Punkte, worauf Ihr im Lizenzvertrag achten müßt:

10.1.1 Produktbenennung

Um die Möglichkeiten des Künstlers offenzuhalten, ist es empfehlenswert, Pauschalbegriffe, wie 'Textilien' zu vermeiden. Es ist für den Künstler immer von Vorteil, eine genaue Bezeichnung der Artikel, die die Agentur herstellen will, vorzunehmen. Dadurch grenzt man die Herstellungs- und Verwertungsrechte der Agentur auf einige wenige, klar beschriebene Artikel ein und hält den Weg zu weiterer Nutzung dieser Rechte einigermaßen frei.

10.1.2 Kreative Kontrolle

Der Künstler sollte stets versuchen, die kreative Kontrolle über Design, Fotos, Artwork, Zeichnungen und Layouts, die für Merchandising-Artikel gebraucht werden, zu behalten. Schlechte Grafiken und Billig-Produkte können nicht nur wirtschaftliche Flops werden, sondern auch dem Image des Künstlers schaden. Durch möglichst genaue Beschreibung aller Vorlagen sollte auch ein Veränderungsverbot im Vertrag eingebaut werden. Sonst hat man vielleicht später keine Kontrolle über die Qualität der hergestellten Produkte.

10.1.3 Beteiligung

Der Erfahrung nach werden dem Künstler Beteiligungen an den Merchandising-Einnahmen zwischen 20% (für normal Sterbliche) und 50% (für Superstars) gegeben. Diese Beteiligung basiert meistens auf dem Netto-Umsatz (Verkaufseinnahmen abzüglich Umsatzsteuer). Wenn Ihr eine niedrige Beteiligung angeboten bekommt, solltet Ihr versuchen, eine gestaffelte Beteiligung auszumachen - also: Je besser sich die Artikel verkaufen lassen, desto mehr verdient Ihr. Wie bei Tonträger-Verträgen wird der Merchandiser auch versuchen, bei Auslandsverkäufen Eure Anteile niedriger zu halten als bei Inlandsverkäufen. Weniger als 75% der Beteiligung an Inlandsverkäufen solltet Ihr auch für's Ausland nicht akzeptieren. Wie erfolgreich Ihr bei solchen Verhandlungen mit dem Merchandiser seid, hängt natürlich vom Marktwert Eurer Band und der Länge Eures Verhandlungshebels ab, soll heißen: Je wirtschaftlich attraktiver ein Deal mit Euch für den Merchandiser ist, desto kompromißbereiter werdet Ihr ihn erleben.

10.1.4 Vorschüsse

Wie bei Deals mit Plattenfirmen und Verlagen gibt es auch von Merchandisern manchmal Vorschüsse. Diese Vorauszahlungen werden basierend auf dem zu erwartenden Umsatz mal der Beteiligung kalkuliert. Große Vorschüsse werden meistens in Teilen ausgezahlt: Z.B. 20% der Gesamtsumme erhalten die Künstler bei Unterschrift des Vertrags, weitere 40% nach einem Drittel der Tournee und die restlichen 40% nach zwei Dritteln der Tournee.

Es gibt aber grundsätzliche Unterschiede zwischen Vorschüssen von Tonträgerfirmen und Verlagen zu den von Merchandisern: Vorschüsse von Tonträgerfirmen und Verlagen sind grundsätzlich verrechenbar aber nicht rückzahlbar. D.h., wenn das Produkt, auf das die Vorschüsse gezahlt wurden, diese nicht wieder einspielen, müssen die Künstler sie dann nicht zurückbezahlen.

Im Gegensatz dazu sind die Vorschüsse vom Merchandiser oft an Bedingungen gekoppelt, die dafür sorgen, daß er möglicherweise sein Geld zurückbekommt, manchmal sogar mit Zinsen. Die Rückzahlung des Vorschusses kann z.B. bei verspätetem Tourneebeginn fällig werden, oder bei Verschiebung bzw. Komplettausfall der Tour wegen Erkrankung eines der Künstler. Es kann auch vorkommen, daß der Künstler zumindest einen Teil des Vorschusses zurückzahlen muß, wenn er ein festgelegtes Performance-Minimum nicht erfüllt.

10.1.5 Performance-Minimum

Merchandiser kalkulieren mit einem Umsatz pro Kopf, d.h. wenn 5.000 Leute ein Konzert besuchen und ein Merchandising-Gesamtumsatz von DM 15.000.- gemacht wird, ergibt das einen Umsatz von DM 3.- pro Kopf. Darum möchten die Merchandiser eine Vorab-Garantie bekommen, wie viele Zuschauer die Konzerte einer Tour insgesamt haben werden. Dieses Performance-Minimum kann auch mit einer bestimmten Anzahl an Konzerten oder bespielten Städten ausgedrückt werden. Eine bloße Zählung aller Zuschauer ist aber zu ungenau, zunächst werden nur zahlende Gäste gerechnet, weil Medienvertreter und Personen auf den Gästelisten von Künstlern und Crew erfahrungsgemäß keine Merchandising-Artikel kaufen. Und auch Verkäufe bei Stadionveranstaltungen und Festivals werden niedriger kalkuliert, weil man davon ausgeht, daß nicht jeder Besucher eingefleischter Fan ist, und daß viele Zuschauer auch kommen, um andere Bands zu sehen. Es ist deshalb üblich, daß hier nur 50 bis 75% der Besucher auf das Performance-Minimum gerechnet werden.

10.1.6 Laufzeit

Die Dauer der meisten Merchandising-Lizenzverträge beträgt ein Jahr oder läuft, bis der Vorschuß verrechnet ist. Sollte der Vertrag während einer Tournee auslaufen, wird der Merchandiser das Recht in Anspruch nehmen wollen, auch den Rest der Tour über dabeizusein. Wenn der Vorschuß wegen schlechter Verkäufe nicht eingespielt wird, kann die Laufzeit des Vertrags also ewig dauern. Der Künstler sollte also bei den Verhandlungen versuchen, eine Rückzahlungsoption in den Vertrag einzubauen. Rückzahlungsoption bedeutet, daß der Künstler die Möglichkeit hat, den zur Verrechnung des Vorschusses fehlenden Differenzbetrag nach Ablauf der Vertragsdauer zurückzuzahlen, wenn er das will und damit dann wieder frei zu sein. Der Künstler hat dann die freie Wahl, die unverrechnete Rest-Summe zurückzuzahlen und sich mit einem anderen Merchandiser zusammenzutun (bzw. das Merchandising selbst zu übernehmen) oder einfach gar nichts zu tun und den Merchandising-Vertrag laufen zu lassen, bis der Vorschuß verrechnet ist. Durch eine Rückzahlungsoption vermeidet man auch, daß der bisherige Merchandiser automatisch das Recht hat, bei der nächsten Tournee wieder dabei zu sein. Aber genau deshalb ist es nicht einfach, diese Vertragsbedingung beim Verhandeln durchzusetzen.

10.1.7 Ausverkaufszeit

Nachdem der Vertrag ausgelaufen ist, hat der Merchandiser das Recht, den Restbestand der Waren aus dem Vertragsverhältnis innerhalb einer bestimmten Frist (in der Regel drei bis sechs Monate) auszuverkaufen. Er darf dann keine neuen Waren mehr herstellen und hat auch nicht mehr das exklusive Verkaufsrecht, weil der Künstler (hoffentlich) bereits einen anderen Merchandiser gefunden hat.

Damit Ihr verhindert, daß der Merchandiser während Eurer Vertragszeit sozusagen 'auf Halde' Waren herstellt, um dann noch möglichst viel für den Ausverkauf zu haben, solltet Ihr vertraglich festlegen, daß er nicht mehr herstellen darf, als mit dem zu erwartenden Verkauf während der Vertragsdauer zu rechtfertigen ist.

Auch eine Preisbindung des Merchandisers während der Ausverkaufszeit an die 'normalen' Merchandising-Preise sollte festgeschrieben werden, um den neuen Merchandiser nicht zu verärgern, wenn dieser sich plötzlich in einem Preiskampf findet.

Außerdem kann der Künstler eine Option zum Kauf der Waren nach Ende der Vertragsdauer aushandeln: Wenn Ihr dem Merchandiser nach Vertragsende die restlichen Waren abkauft, ist das Vertragsverhältnis endgültig beendet. Wollt Ihr das nicht, hat der Merchandiser während der vereinbarten Frist Gelegenheit, die Waren auszuverkaufen; danach bekommt Ihr sie noch einmal zum Kauf angeboten. Kauft Ihr sie nicht, muß der Merchandiser die Restbestände vernichten.

10.1.8 Exklusivität

Um eine gewisse Exklusivitäts-Gewährleistung werdet Ihr bei Merchandising-Verträgen nicht herumkommen. Ihr solltet aber z.B. bei Tournee-Merchandising-Verträgen darauf achten, daß Retail-Merchandising ausgeklammert wird, sonst könnt Ihr mit Eurem Retail-Merchandiser in Konflikt geraten. Außerdem ist es ja denkbar, daß Ihr das Retail-Merchandising nach wie vor selbst machen wollt. Auch Promotion-Artikel Eurer Plattenfirma sollten von der Exklusivität befreit sein.

Schwierig kann's werden, wenn Ihr einen Tournee-Sponsor gefunden habt, der auch das Recht erworben hat, Waren zu verschenken. In solchen Fällen ist es am besten zu versuchen, die zu verschenkende Menge zu begrenzen bzw. zu beziffern.

10.1.9 Besonderheiten beim Retail-Merchandising

Da der Retail-Merchandiser anders arbeitet als der Tour-Merchandiser, werden diese Verträge anders aussehen. Der Retail-Merchandiser wird z.B. eine Sub-Lizenz für bestimmte Artikel erteilen, z.B. für Aufkleber. Er bekommt etwa 20-30% der Einnahmen und bezahlt dem Künstler 50-80% von den Vorschüssen und Tantiemen, die er von der Aufkleber-Firma erhält. Die Beteiligung des Retail-Merchandisers für Kleidungsstücke und andere Artikel bewegt sich zwischen 10 und 15% vom Netto-Detailpreis. Für Mail-Order-Verkäufe, bei denen der Retail-Merchandiser als Verkäufer fungiert, sollte der Künstler etwa 25% des Netto-Verkaufspreises erhalten.

Ihr solltet in den Verträgen festlegen, daß Ihr alle Sub-Lizenzverträge genehmigen müßt. Nur so könnt Ihr die Qualität der Waren und damit Euer Image kontrollieren.

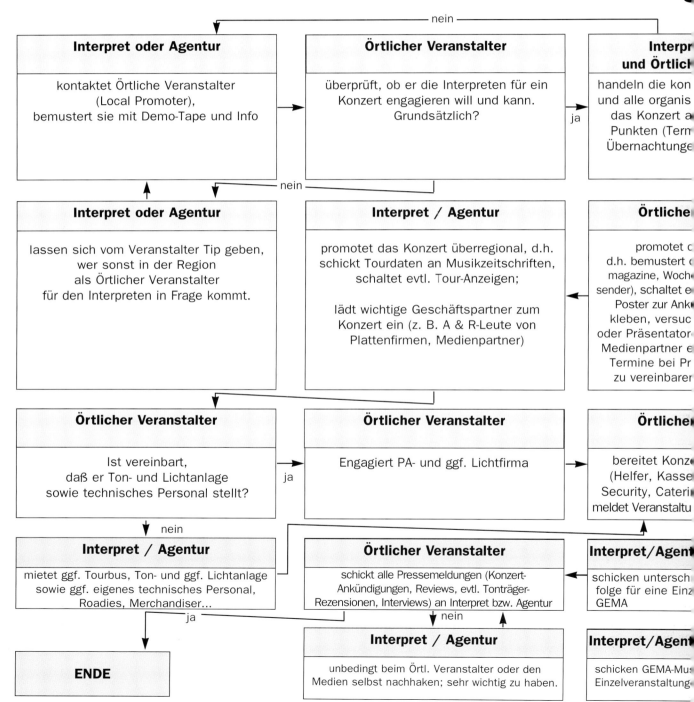

Livekonzerte - Übersicht

Durchführung und Auswertung

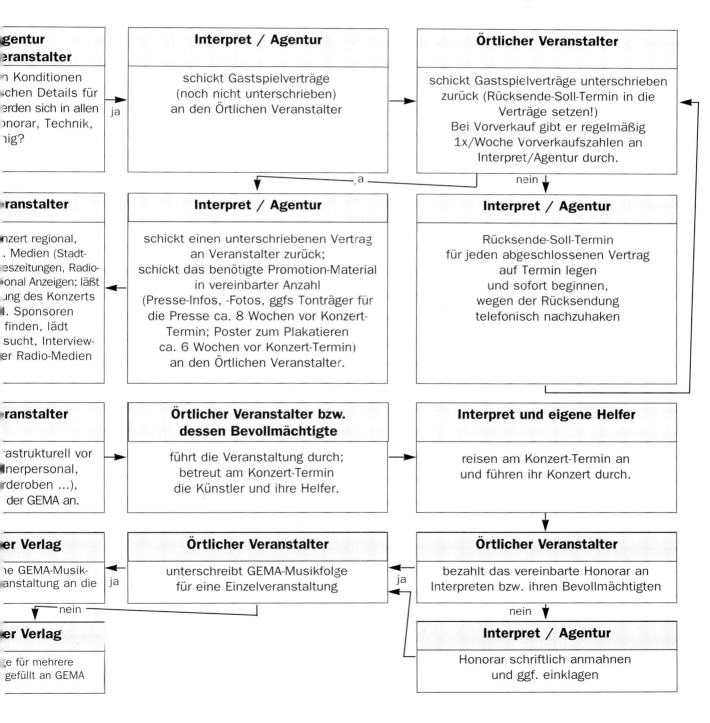

11 Literaturempfehlungen

Die im folgenden genannte Auswahl erhebt weder Anspruch auf Vollständigkeit noch auf Repräsentativität. Es sind einfach alles Bücher, mit denen ich selbst regelmäßig arbeite, oder die mir im Laufe der Jahre mehr oder weniger zufällig in die Hände gekommen sind, und die ich persönlich sehr gut bzw. wichtig finde.

- *Die Praxis im Musikbusiness*
  Robert Lyng . PPV Presse Project Verlags GmbH, München 1990 . Zu beziehen auch über die Zeitschrift 'Soundcheck' . ISBN -3-9802124-1-6

Gibt erstmals einen profunden Einblick in die Praxis des Musikbusiness von heute. Von der Herstellung des ersten Demo-Bandes bis hin zur fertigen Schallplatte werden die Strukturen der einzelnen Instanzen sowie die damit verbundenen Chancen und Risiken aufgezeigt. Auf jeder Stufe werden dabei wertvolle Tips für eine erfolgreiche Musikerkarriere gegeben. Eine Reihe kommentierter Musterverträge (u.a. Schallplatten-, Verlags-, GEMA- und Konzertvertrag) ergänzen dieses Buch zu einer spannenden und lehrreichen Lektüre für alle, die mehr über das „härteste Geschäft der Welt " wissen wollen. (Meines Erachtens ein Super-Buch zum Thema, kostet unter DM 50.-, ist gut verständlich, übersichtlich und hat tolle Tips).

- *STAMM - Presse- und Medienhandbuch (erscheint jährlich)*
  Stamm Verlag GmbH . Goldammerweg 16 . 45134 Essen .
  Tel: 0201/ 41757, -8 . ISSN 0341-7093

Alle Print-Medienadressen mit Auflagenstärke, Preis usw. von Tageszeitungen, Stadtmagazinen, aller Art von Zeitungen und Zeitschriften, Fachzeitschriften, Rundfunk- und Fernsehsendern, Werbeagenturen usw. Es ist teuer und lohnt sich nur, wenn Ihr wirklich öfter mit diesen Medien zusammenarbeitet.

- *Highlight - Das neue Handbuch für die Musikszene*
  Ingo Blank und Axel Schäfer . ibas-media, 1990 . Bachstr.2 .
  71263 Weil im Schönbuch . ISBN 3-9802504-0-7

Ein Handbuch für die Musikszene. Es enthält wertvolle Tips für die Musikarbeit (Vom Infoblatt zum Konzert, Management, Rundfunk, Tonstudioarbeit, Democassette, Schallplattenproduktion u. v. m.)

Außerdem beinhaltet es rund 2000 systematisch gegliederte, wichtige und aktuelle Adressen der Musikszene.

- *Musikmarkt Branchenhandbuch (erscheint jährlich)*
  Josef Keller GmbH & Co. Verlags-KG . 82317 Starnberg .
  Tel.: 08151/ 771-0 . Fax: 08151/ 771-241 . ISBN 0722-9119

Standard-Adressen-Nachschlagewerk für Tonträger-Firmen, -Labels, -Interpreten, Musikverlage, Konzertagenturen, Studios, Preßwerke... in Deutschland, Österreich, Schweiz; meines Erachtens unentbehrlich, wenn man professioneller im Musikgeschäft arbeiten will.

- *Sachlexikon Rockmusik*
  Bernward Halbscheffel & Tibor Kneif. Rowohlt Taschenbuch Verlag GmbH, Reinbek bei Hamburg, 1992 . ISBN 3 499 16334 9 (rororo 6223)

Rocklexika sind zumeist an Personen und Gruppen ausgerichtet. Rockmusik ist aber mehr als die Geschichte ihrer Interpreten. Sie ist Kunst und Handwerk, Medium und Ware. Wer Rock begreifen will, findet hier sachverständige Informationen. Ob Amplifier oder Achtelnote, Heavy Metal oder House, Kadenz oder Klirrfaktor, Riff oder Reggae, Synthesizer oder Scratching - das Sachlexikon erklärt Gattungen, Techniken und Instrumente, stilistische Dialekte und überpersönliche Richtungen, Vermarktungsformen und Gesellschaftsbezüge. Plattentips in Fülle helfen, das Gelesene wieder in Musik zu verwandeln.

- *Wem gehört die Rockmusik?*
  Steve Chapple & Reebee Garofalo . Rowohlt Taschenbuch Verlag GmbH, Reinbek bei Hamburg, 1990 . ISBN 3 499 17313 1 (rororo 7313)

Die hier vorliegende, hervorragend recherchierte kritische Rockgeschichte stellt die Frage nach dem materiellen Besitz an der populären Musik in den USA. Daß die mit großem Engagement zusammengetragenen Daten, die bereits 1977 in den USA veröffentlicht wurden, nicht immer aktuell und vollständig sind, kann nicht die Aufschlüsse schmälern, die diese Ausgabe einem deutschen Musikkonsumenten gibt. Denn es geht um Mafiamethoden, um Rassismus und Sexismus in der Plattenindustrie gegenüber den Musikern, um die Kommerzialisierung jeglichen eigenständigen Gedankens und um die politische Macht der internationalen Konzerne - aber auch um Einzelschicksale, die dem Diktat widersprechen, um den Kampf einzelner Musiker. Dieses Buch ist eine Gangstergeschichte. Wer allerdings dem Kult der Musikbranchen dienen will, wird es ablehnen. Es ist ein Buch über die Musik, ihre Texter, ihre Interpreten - und ihre Konsumenten.

- *Urheber-ABC*
  Gustav Kneip. Interessenverband Deutscher Komponisten (Hrsg.). Verlag Hans-Jürgen Böckel . Beim Zeugamt 4 . 21509 Glinde . Tel.: 040/ 711 10 06 . ISBN 3-923793-10-3

Besonders interessant für Autoren von Musik (Texter, Komponisten); Wichtigste GEMA-Fragen, die Künstlersozialkasse (KSK), die für alle Freischaffenden äußerst wichtig ist, Einzelheiten über die Struktur der GVL sowie der VG Wort, Steuerhinweise, Ratschläge für Musikverlagsverträge, Vergütungen für musikdramatische Werke und Leihmaterialgebühr, Verrechnung von regionalen Rundfunk- und Fernsehsendungen, die Anschriften der Öffentlich-Rechtlichen Rundfunk- und Fernsehanstalten und die der privaten Sender mit größerer Reichweite.

- *Handbuch für Rockmusiker*
  Klaus Enkmann . Voggenreiter Verlag, Bonn-Bad Godesberg 1988. ISBN 3-8024-0108-8

Dieses Buch begleitet den Rockmusiker - ob Amateur oder Profi - auf seinem Werdegang: Von der Proberaumsuche bis auf die Bühne; von der Democassette bis hin zum Plattenvertrag.

- *Kultursponsoring*
  Birgit Grüßer . Schlütersche Verlagsanstalt GmbH & Co, Hannover 1992 . ISBN 3-87706-369-1

Das Handbuch Kultursponsoring zeigt, wie Kultursponsoring in der Praxis funktioniert, und liefert alle für ein erfolgreiches Kultursponsoring notwendigen Informationen. Es ist eine wichtige Orientierungshilfe für Unternehmen, Kulturinstitutionen, PR-Agenturen, Künstlerorganisationen, Verbände, Behörden und Kulturjournalisten. Kultursponsoring bietet Vorteile für beide Seiten der Förderung. Dieses Buch zeigt sie auf.

- *Handbuch der Musikwirtschaft*
  Dr. Rolf Moser / Dr. Andreas Scheuermann . Josef Keller GmbH & Co Verlags-KG, Starnberg/ München 1992 . ISBN 3 7808 0142 6

Das unentbehrliche Standardwerk für alle, die im Music Business tätig sind oder sich für diese Branche interessieren. Mehr als 70 namhafte Autoren behandeln auf fast 1000 Seiten praxisbezogene

Literaturempfehlungen

Themenbereiche wie zum Beispiel Struktur des deutschen Musikmarktes, Tonträgerindustrie, Tonträgerhandel, Musikverlag, Film- und TV-Musik, Musik im Hörfunk, Musik und Werbung, Musikvideo, Merchandising, Konzertveranstaltungen, Management, Printmedien, Charts, Musikmessen, Öffentlichkeitsarbeit, Verbände, Verwertungsgesellschaften, Urheberrecht sowie spezielle Rechtsfragen und zahlreiche Musterverträge mit Erläuterungen.

- *hörfunk - fernseh - register (Erscheint jährlich)*
  „musik „ Presse -und Informationsdienst . Postfach 1353
  23795 Bad Segeberg . Tel.: 04551/ 820 61. Fax: 04551/ 844 46

Sämtliche Öffentlich-Rechtlichen und Privaten Hörfunk- und Fernsehsender in Deutschland, Belgien, Schweiz und Luxemburg mit Anschrift, Telefon- und Faxnummer, sowie Angaben zu Sendegebiet, möglicher Hörerzahl, Sendezeiten, Frequenzen, Zielgruppe ... und den Namen sämtlicher Sendungen mit ihren Moderatoren bzw. zuständigen Redakteuren. Beste Basis für jemanden, der Radio-Promotion machen will.

- *proEmotion - Frauen im Rock-Business*
  Klaus Farin/ Anke Kuckuck . Rowohlt Taschenbuch Verlag GmbH, Reinbek bei Hamburg, 1987 . ISBN 3 499 15881 7 (rororo 5881)

Zuerst haben sich die Autoren gefragt, warum man immer noch so wenig von Frauen im Rock-Business hört. Dann haben sie sich auf die Suche gemacht. In Probekellern und Studios, auf Tourneen und an Mischpulten, in Plattenfirmen und Verlagsbüros, in Konzertsälen und beim Rouladenbraten. Nun fragen sie sich, warum es noch so viele Männer im Rock'n Roll gibt.

- *Überlebens-Kunst - Tips & Tricks für Musiker*
  Jürgen Stark . Zebulon Verlag. 1995. Düsseldorf . ISBN 3-928679-37-6

Ein Lesebuch-Ratgeber mit schlitzohrigen Tips für Musiker und solche, die es werden wollen. Experten wie Grammy-Gewinner Harold Faltermeyer, VIVA-Macher Dieter Gorny, Techno-Multitalent Georg Roll oder Freibank-Musikverleger Mark Chung lassen einen tiefen Einblick in die Praxis und die Praktiken der Musikbranche zu. Eine unentbehrliche Überlebens-Hilfe fürs „swimming with sharks" in der Showbranche von Autor Jürgen Stark, der u.a. als Berater, Pressesprecher und Juror für den „John Lennon Förderpreis/Talent Award" sowie als Manager des Projektes „Contact!", einer Initiative der Deutschen Phono-Akademie, arbeitet.

12 Weitere wichtige Adressen

- GEMA Bezirksdirektion München
  Postfach 800 767
  81667 München
  Tel.: 089/ 48 003 -00
  Fax: 089/ 48 003 300

- GEMA Bezirksdirektion Berlin
  Bayreuther Str. 37/ 38
  10787 Berlin
  Tel.: 030/ 212 45 01
  Fax: 030/ 212 45 950

- GVL- Gesellschaft zur Verwertung von Leistungsschutzrechten
  Heimhuder Str. 5
  20148 Hamburg
  Tel.: 040/ 410 60 31

- Künstlersozialkasse
  Langeoogstr. 12
  26384 Wilhelmshaven
  Tel.: 04421/ 30 80
  Fax Versicherte: 04421/ 30 82 06
  Fax Unternehmer/ Verwerter: 04421/ 20 25 88

13 Musikzeitschriften

Musikzeitschriften

MUSIK
WIE
SIE GEMACHT
WIRD . . .

Anrufen und bestellen!

Telefon

02 03/7 69 08 20

(Montag bis Freitag)

Live is Life

EB *musikmagazin*
11. Jahrgang

check out !!!

aktuell
unabhängig
intelligent
klischeefrei
vollkäuflich
unverschämt
penetrant
unik
informativ
spannend
zeitlos
leidergut

EB/METRONOM Verlag
Hospeltstr. 66 . 50825 Köln
Tel.: 0221/54 35 06
Fax.: 0221/54 26 20

Für und mit Bands von morgen.

Ob Hannover, Braunschweig, Göttingen, Wilhelmshaven, Lingen, Osnabrück, Osterode, Oldenburg: Alle zwei Monate das Neueste aus Hannover und Niedersachsen. Dazu Workshops, Musikerkontaktecke, Szene-News, »aktuelles Liedgut«, CD-Besprechungen — übersichtlich und kostenlos!

Rockmagazin für Hannover und Niedersachsen

rock news

Musikzentrum Hannover — Rocknews —
Emil-Meyer-Straße 20 · 30165 Hannover
Telefon 05 11/3 50 47 15 · Fax 05 11/3 50 47 19

Näher können Sie nicht dran sein!

ENTERTAINMENT MEDIA
Casablanca Verlag GmbH
Stahlgruberring 11a · 81829 München
Tel. 0 89/4 51 14-0 · Fax 4 51 14-4 44

Die Klangfarber der Musikbranche ...

... heißen Information und Kommunikation. MusikWoche bietet beides. Woche für Woche bringt das Branchenmagazin News ohne Umschweife auf den Punkt. Headline News, übersichtlich und kompetent.

Das Multitalent

Von Klassik bis Heavy Metal – MusikWoche bringt alle Genres. Dazu das Geschehen in deutschen und internationalen Unternehmen, in Handel, Dance, Radio und Multimedia – jedes Thema Woche für Woche in eigenen Rubriken. Musik Woche, das steht für aktuelle Daten, ungefilterte Meinungen – auch zu angrenzenden Märkten wie Kino, Video und TV. Mit Charts, Diagrammen, Playlists und Reviews, Programmplaner und TOP-100-Single/ Longplay-Plakat.

Infotainment für Kenner

Vom Start weg hat sich die MusikWoche als verläßliches, unterhaltsames und kritisches Nachrichtenmagazin in der Branche etabliert. Für alle, die Musik machen, produzieren, verlegen und verkaufen. Deshalb lesen Insider aus Plattenfirmen, Konzertagenturen oder Tonstudios genauso regelmäßig MusikWoche wie Produzenten, Komponisten, Texter und Medienpartner aus Print, TV und Hörfunk. MusikWoche – Das Branchenmagazin.

ENTERTAINMENT MEDIA
KINO ▲ VIDEO ▲ FILM ▲ TV ▲ MUSIK

Entertainment is our Business!

113. Jahrgang
... aber frischer denn je!
*live*MUSIC *artist*

informiert
Alleinunterhalter, Bands, Orchester, Veranstalter und Agenturen

berichtet
über Pop & Rock, Volksmusik, Country, Schlager und vieles mehr

bietet
Anregungen, Service, Know-how und Hilfe bei der Jobsuche

Jeden Monat neu!

Zeitschriftenverlag RDBV • Pressehaus Heerdt • 40196 Düsseldorf
Telefon (02 11) 50 50 • Fax (02 11) 5 05 26 03

DAS JUGENDMAGAZIN DER **Süddeutschen Zeitung**

- liegt jeden Montag der Süddeutschen Zeitung bei
- berichtet über Film, Mode, Sport, Musik, Pop und Politik
- ist Jugendkultur für die täglich 1,14 Mio. SZ-Leser (MA '95)
- präsentiert und promotet Konzerte, Tourneen, Musiker & Bands

Infos
zu Anzeigen bei
Marc Ritter
zu Redaktion bei
Christian Seidl
zu Veranstaltungen bei
Bernhard Elias
Telefon 089/21 83 84 10
Fax 089/21 83 83 15

Jazz in Concert
Ambient
House
Alternative
Techno
DJ's
Punk Party
Videoclips Clubsession
HipHop

Index

A & R S. 23, 148
Abendkasse S. 49, 88, 91, 98, 108, 110
adressenbezogen S. 39
Adressenkartei S. 53-54
Agent(in) S. 5, 7, 13, 24-25, 27, 62, 81, 83
Agentur S. 10, 12-13, 15, 23-26, 29-30, 33, 39-40, 53, 58-59, 68, 72, 80, 108, 141-143, 148-149, 151-152
Amateur-Veranstalter S. 6
Amp(lifier) S. 71, 131, 151
Anschreiben S. 63, 66, 141
Anzeigen Kombis S. 66
Arbeitnehmer, weisungsgebundener S. 101
Arbeitsamt S. 6, 7
Artist Development S. 12, 15,23, 59
AStA S. 30
Aufkleber S. 49
Autogrammkarte S. 49
Backliner S. 35, 36, 92
Backstage-Raum S. 124-125
Band S. 11 ff.
Bandbiografie S. 45
Bandkasse S. 22, 51
Bandbüro S. 39ff., 65
Bandbus S. 20, 22, 49, 62, 112, 123, 133-134
Band-Logo S. 39, 141
Bandmitglieder S. 9, 13-14, 18, 22, 42, 62, 84
Bankscheck S. 109
Banküberweisung S. 109-110
Barzahlung S. 109
Belegexemplare S. 46-47
bemustern S. 25, 57-58
Benefiz S. 31, 32
Bildformat S. 45
Booker S. 5-6, 23, 28-29, 53-54, 81, 84, 138
Booking S. 13, 23-25, 134
Bootlegs S. 114
Break Even Point S. 91, 104-106, 108
Bühnenanweisung S. 61, 95-97, 99, 114-132
Bühnenmaße S. 116-132
Business-Management S. 23
Catering S. 30, 65, 93, 104, 108-109, 114, 116, 125, 148
Charts 9, 136, 153
Club S. 28-29, 55, 69-70, 72-73, 105- 106, 120, 122- 123, 125
Computer S. 35, 42, 43, 52, 95, 121, 136
Corporate Identity (CI) S. 41, 43, 46-48, 65
Crew S. 33, 34, 54, 145
Curfew S. 121
Demo-Cassette (-Tape, -Band) S. 8, 12, 39, 41-43, 63, 77, 82, 85, 148, 150, 152
Dia S. 46
Discjockey S. 32-33, 53.
Drum Rizer S. 119, 130
Eintrittsbeteiligung S. 88, 90, 98, 103-110
Equipment S. 34, 36, 49, 122-123
Erstkontakt S. 80-83
Exklusivrechte S. 142
Fachhochschule (FHS) S. 30

Fan S. 39, 41-42, 49, 52-53, 69, 72, 84, 108, 140-142, 145
Fax-Bestätigung S. 97
Fernsehsender S. 53, 58, 112, 138, 150, 152-153
Festgage (-honorar) S. 29, 101-102, 108
Festival S. 31, 46, 49, 55, 68, 72, 119, 121, 135, 145
Finanzamt S. 61-62, 102, 105, 111
Fixum S. 78, 90, 103, 105
Flyer S. 48-49
FOH (Frontmixer) S. 34, 88, 92, 122, 123, 131-132
Foto (Band-, Presse-) S. 39, 41, 45-47, 88, 92, 99, 111, 137, 143, 149
Fotograf S. 17, 20, 23, 46-47, 53, 59
Gästeliste S. 137, 145
Gage S. 20, 28-29, 30-31, 53, 55, 62, 65, 78, 80, 82-87, 102, 107, 112,134
Garantie S. 26, 90-91, 98, 103-105
Garderobe S. 8, 37, 71, 124-125
Gastspieldirektion S. 27, 95
Gastspielvertrag S. 52-53, 55, 61-62, 90, 93, 95-115, 140, 149
GbR S. 62, 100, 106
GEMA S. 22, 62, 98, 104-105, 111, 148-150, 152, 154
Gesprächs-Memo S. 61
Getränke-Umsatz S. 106-107
Gitter (Absperr-) S. 89, 117, 124
GVL S. 154
Hands S. 36, 88, 92, 122
Headliner S. 71
Honorar S. 20, 28-29, 31-33, 44, 46, 58, 90-91, 98, 104, 106-107, 109-111, 116, 122, 127, 149
Hotel S. 33, 53, 67, 78, 92-93, 114, 116, 126
Image S. 30, 41, 43, 62, 70, 71, 73, 107, 143, 147
Independent S. 141
Info 39, 41, 43-47, 61-63, 81-82, 88, 92, 99, 111, 137, 148-150
Interview. S. 8, 18, 23, 40, 58, 59, 137-138, 148-149
Journalist S. 8, 18, 22-23, 39, 41, 45, 47, 49, 53, 55-58, 73, 152
Journalistenkartei S. 57
Jugendamt S. 29
Jugendzentrum S. 14, 16, 29, 82, 125
Karteikarten S. 52, 74, 81
Konventionalstrafe S. 99, 112, 115
Kopien S. 43, 48, 61, 95
Kosten, örtliche S. 105-106
Kostenrisiko, S. 106-107
Künstlerdatei S. 53
Künstlersozialkasse S. 98, 111, 154
Kulturamt S. 29, 67.
Kulturreferat S. 30
Kultursponsoring S. 152
Laufpublikum S. 70-71
Lautstärkebindung S. 100
Lichte Höhe S. 89, 116, 119
Light-Engineering S. 35
Lichtmixer (-techniker) S. 35, 89, 92, 116-132
Lightshow S. 35
Live-Performance S. 23, 40
Lyng, Bob S. 7, 150
Mail-Order S. 142, 147
Major Companies S. 141
Management S. 10, 12, 15, 23, 150, 153

Man-Power S. 32
Marketing S. 13, 16, 23, 43, 77
Marketing-Konzept S. 13, 16, 46
Medien S. 7-10, 12, 25, 51-52, 56-57, 66, 134, 137, 145, 150
Medienstädte S. 72-73
Mehrwertsteuer (Mwst.) S. 87, 90, 98, 101-103, 105-107, 122
Memo S. 61
Merchandiser S. 21, 23, 26, 37, 138, 142-148
Merchandising S. 7, 20, 37, 49, 112, 127, 139-147, 153
Mischkalkulation S. 104, 106
Mixer S. 34, 117, 121, 127
Monitor-Mixer S. 34, 92, 116, 122-123
Mündlicher Vertrag S. 96
Musikliteratur S. 62, 150
Musikverlag(e) S. 10, 15, 22, 54, 154
Musikverleger(in) S. 5, 59, 153
Musikzeitschrift(en) S. 8, 86, 132, 133, 135-138, 148, 153-159
Newcomer-Band S. 12, 28, 40, 51, 70, 72-73, 81, 140
Nightliner S. 26
Non Food S. 117, 127, 139
Off Day S. 108, 133
Örtlicher Veranstalter S. 24, 28, 49, 67, 95, 102, 105-114, 134-135 140, 148-149
Open Air S. 28, 55, 89, 100, 116-118, 127
Outfit S. 40, 62
PA (Public Adress) S. 21, 33-35, 53, 55, 62, 82, 86-88, 91-93, 102, 105, 116, 118, 120-121, 131, 148
Performance S. 23, 40, 144, 145
Performance-Minimum S. 144-145
Personal Management S. 23
Plakat (Poster) S. 26, 41, 45, 47-48, 87-88, 90, 92, 98-99, 101-102, 104, 111, 137, 148-149
Plakatieren S. 26, 47, 111, 149
Plattenfirma S. 52, 141-142, 144, 146, 148, 153
Plattenvertrag S. 9, 152
Porto S. 47, 60
Preisbindung S. 146
Presserezensionen S. 12, 41-42, 45-46, 56-57, 61, 111
Printmedien S. 10, 25, 45-46, 53, 55-57, 137, 149-150, 153
Promotion S. 10, 12, 15, 20, 23-25, 28, 39-40, 46, 48-49, 51, 55, 62, 65, 82, 92, 110-111, 135, 137, 139, 146, 149, 153
Promotion-Firma S. 12, 15-16
Provision S. 140, 142
Prozentuale Beteiligung S. 24, 27, 29, 37, 91, 103, 108
Publikumskapazität S. 54, 70, 81, 83, 88-89, 98
Rechtsanwalt S. 62, 97
Redakteurdatei S. 58
Redakteur(e) S. 23, 46, 53, 55-57, 73, 137-138
Redaktionsschluß S. 56-57, 137
Retail-Merchandising S. 141-142, 146-147
Rezension(en) S. 12, 41, 45-46, 56-57, 61, 148
Rhetorik S. 73-74
Roadie(s) S. 35-36, 139, 148
Road- (Tour-) Manager S. 33, 34
Routing S. 54, 133-134
Rundfunkredakteur(e) S. 33, 55
Rundfunksender S. 53, 58, 99, 111-112, 136-138, 149-150, 152-153

Running Order S. 118, 121
Salvatoritätsklausel S. 115
Samples S. 121
Schriftwechselbuch S. 60-61
Security S. 36-37, 116, 124, 148
Sockelbetrag S. 104, 106
Sonder-Durchfahrtsgenehmigung S. 114, 118
Soundcheck S. 34, 88, 93, 116, 118, 122, 125
Split-Profit S. 142
Sponsor S. 48-49, 112, 146, 149
Sponsoring S. 112
Stadtfest(e) S. 14, 29, 67, 71, 119
Stadtmagazin(e) S. 44, 56, 66-67, 86, 137, 149
Stadtverwaltung S. 29, 67
Städtische Veranstalter S. 30
Stage Manager S. 122
Stammpublikum S. 68, 70
Stempel S. 46, 49, 109, 128
Sub-Lizenz S. 147
Synergie S. 13
Synergie-Effekt S. 13
t.b.a. (to be announced) S. 133
t.b.c. (to be confirmed) S. 133
Technischer Rider S. 61, 99, 114, 116, 121, 129-132
Telefon-Simulation S. 82-84
Termin- (Tour-) kalender S. 56, 59-60, 96
Tickets S. 109-110
Tour(nee) S. 9, 15, 24, 26-27, 31, 33-34, 37, 51-52, 54-57, 68, 72-73, 101, 110, 119, 121, 126, 133-134, 138-141, 144, 146, 148
Tournee-Merchandising S. 141, 146-147
Tour(nee)-Veranstalter(in) S. 5, 9-10, 24, 26-27, 33, 53, 58-59, 67, 95, 133
Trailer S. 57
Übernachtungskosten S. 88, 92, 98, 109
Übungsraum S. 8, 19-20
Umsatzsteuer S. 90, 102, 106, 112, 143
Uni S. 30
VDE S. 116, 120
Venue S. 28-29, 37, 53, 55, 65, 67, 69, 82-85, 89, 92-93, 101-102, 112, 118 124-125, 133, 140
Venuedatei S. 54
Veranstalter(in) S. 5-22, 24-33, 36, 39-43, 45, 47-49, 52-61, 64, 67-68, 71 74-78, 80-93, 95-97, 100-129, 131-135, 137, 140, 142, 148
Veranstalterkartei S. 54, 65
Veranstaltungshinweise S. 56, 58, 138
Verrechnungsscheck S. 110
Vertrags-Checkliste S. 86, 88-89, 95, 102
Verzehrpauschale S. 88, 90, 93, 98, 101-102, 117, 125-126
Vorschuß S. 144-145, 147
Vorverkauf S. 47, 49, 88, 91, 98, 108, 110
Werbematerial (Promotion-Material) S. 21, 22, 24, 39-41, 46, 48, 65, 88, 92, 111, 135-138
Zahlungsmodalität S. 109
Zahlungsziel S. 110
Zeitmanagement S. 65
Zielgruppe S. 68, 86, 153
Zielsetzungen S. 15, 18

GITARRE PUR !

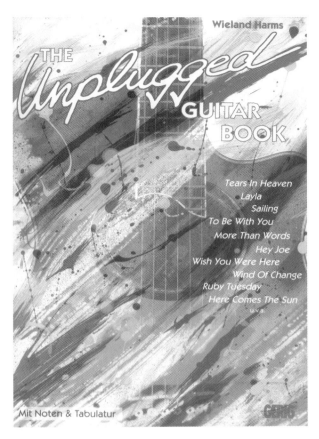

Wieland Harms
The Unplugged Guitar Book
20 der schönsten Songs für Akustikgitarre

Mit Noten & Tabulatur
112 Seiten

EM 4037
ISBN 3- 87252-249-3

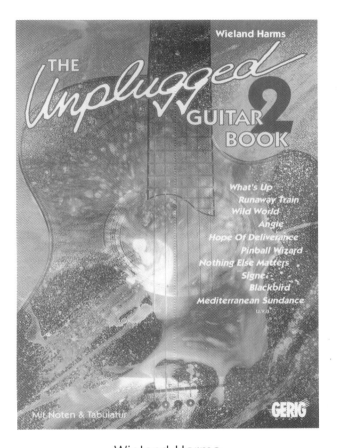

Wieland Harms
The Unplugged Guitar Book 2
20 der schönsten Songs für Akustikgitarre

Mit Noten & Tabulatur
132 Seiten

EM 4040
ISBN 3- 87252-250-7

Musikverlage Hans Gerig
Frankenforster Str. 40
51427 Bergisch Gladbach
Tel.: 02204/200380
Fax.: 02204/200333

Martina Neschen

Unbeschreiblich Weiblich

Das Songbook von Frauen für Frauen mit

50 Mega-Songs

von
Madonna
Lucilectric
Patti Smith
Tina Turner
Janis Joplin
Mariah Carey
Suzanne Vega
Lisa Stansfield
Melissa Etheridge
u.v.a.

Mit Noten und Tabulatur
und Begleitpatterns für Gitarre

Notizen

Notizen

Notizen

Notizen